变革的理性

党国英 著

南方日报出版社
NANFANG DAILY PRESS

图书在版编目（CIP）数据

变革的理性 / 党国英著. -- 广州 : 南方日报出版社，2011.10
ISBN 978-7-5491-0251-8

Ⅰ. ①变… Ⅱ. ①党… Ⅲ. ①中国经济－经济体制改革－文集 Ⅳ. ①F121-53

中国版本图书馆CIP数据核字(2011)第187954号

变革的理性 党国英 著

出版发行： 南方日报出版社
地 址： 广州市广州大道中289号
电 话：（020）83000502
经 销： 全国新华书店
印 刷： 广州市怡升印刷有限公司
开 本： 787mm×1092mm 1/16
印 张： 13.75
字 数： 280千字
版 次： 2011年10月第1版
印 次： 2011年10月第1次印刷
定 价： 28.00元

投稿热线：（020）83000503 读者热线：（020）83000502

网址：http://nf.nfdaily.cn/press/

目录

自序　让理性之光亮起

蔑视理性，把一堆教条奉若神明，是顽固的蒙昧主义；若走到另一个极端，以为人的一切行为均绝对地由理性来支配，则是另一种无知与狂妄。但是，若以现实论，中国发展的威胁尚不是理性主义走过了头，而是蒙昧主义还在肆虐。

从世界金融危机爆发开始，一部分西方学者，其中有经济学家，对经济学的理性概念开始了新一轮批评，笔者由此深感西方社会对知识消费的奢侈。若我们随之对理性大加挞伐，就觉得不大对劲。在这个世界，理性稀缺，弥足珍贵。美国经济学家斯蒂格里茨新近的一篇文章披露[①]，因为美国在过去10年里贫富差距扩大，以致普通美国人"不再相信公平竞争、机会平等和社区意识"。在斯蒂格里茨看来，美国人的理性程度在下降。美国以外的情形又是如何？我相信，在很多方面我们对比美国有过之而无不及，这里且按下不表。但理性生活的标杆是存在的。斯蒂格里茨推崇的是一种托克维尔描述过的美国人的实用主义社会意识：关心别人不仅对灵魂有益，对生意也有好处。他希望美国人能迷途知返。其实，我们知道，需要求真向善的不只是美国人。基于常识，在危机面前，我们能确定人们增大了建立共识的可能性。经济学家不遗余力地建立和维护理性假说，其动机和信心应该与这种常识有关。

为把理性推到公共生活的前台，我们也不吝对理性本身做一个稍稍细致的检讨。

什么是理性？对个人而言，它是利己的算计；对企业而言，它是对企业利益的算计；对社会而言，它是人们互利的算计。在自由竞争的前提下，利己的算计和互利的算计可以统一起来，个人的利益最大化和社会的福利最大化可以统一起来。这几句话，可以说是全部古典和新古典经济学关于理性假说的核心

① http://www.vanity fair.com/society/features/2011/05top-one-percent-201105.

内容。这是一个“美妙”到令人窒息的和谐理论，于是也留下了被人们广泛批评的巨大空间。然而，理性也并非海市蜃楼，并非毫无意义的镜花水月。

经济学家对人类理性客观性的认识，有一个从系统性的肯定到系统性的怀疑的过程；而怀疑的产生少说也有百年以上的历史，并不是这几十年的事情。但在我看来，经济学家对理性的系统性怀疑恰好更令人信服地证明了人类理性倾向的客观性。

亚当·斯密和李嘉图的经济思想大抵是以理性假说为基础的。他们认为，在竞争条件下，生产者会有一致性选择行为，并实现利益最大化。后来的学者发现消费者的行为也与此类似。但没过多少时间，理性假说就招致怀疑。1848年，穆勒说，是惯例而不是竞争支配着经济世界的大部分领域，而经济理论只可能建立在竞争的基础上。此后，有不少重要经济学家也开始怀疑理性假说。

对理性假说做出系统批判的经济学家有阿罗、阿马蒂亚·森和赫伯特·西蒙（均为诺贝尔经济学奖获得者）等，其中最具颠覆性的批判来自阿罗。

人类总在选择，经济学正是研究人们在利益面前的选择行为。如果在一系列外部因素确定的情形下（这个条件本身就不现实），人们的选择行为能保持一致性么？如果能，理性就是客观的；如果不能，理性就不是客观的。遗憾的是，经济学始终无法严格地证明这种一致性是真实的存在，从而无法严格地证明理性是真实的存在。例如，一个人在一定的收入水平上拥有一定的选择行为，他在收入水平提高以后，会有新的选择行为；但是，当他的收入水平退回到前一水平时，其选择行为没有恢复到原来的状态。这就发生了选择行为的不一致。在阿罗看来，这是非理性。

现实的非理性不止如此。古典主义经济学在进入总量分析时假定所有个人都具有同样的效用函数，这在阿罗看来完全不符合实际，因为经济当事人完全相同就不会发生交易，所以，这个理性假说完全不成立。

阿罗对理性假说的一个致命批评是建立在他的信息经济学的基础上的。在他看来，在一个竞争的世界里，经济当事人必须知道所有的价格，否则无法争取某种最优化。这和我们针对中央计划工作人员的批评是一样的情形，因为他们要做好计划工作也需要海量信息。决策中依从的信息总会出现缺口，要用猜测来填补。在阿罗看来，这是追求最大化个人的严重局限性，甚至符合新古典经济学的市场并不存在。

阿罗的结论是，理性假说本身是虚弱的，根据假说而不是理性就可以建立经济理论。但阿罗终归还是采取了一种妥协的态度，他说，他同意赫伯特·西蒙的看法，理性是有限度的。指出这一点，决策问题才有可能突破。

是的，关于理性认识的争辩，妥协是必要的。一个人，一个企业，一个政治家集团，每天都面临决策，我们能说他们毫无理性？理性有一个程度，有一个相对性。精确算计的条件总是不具备的。在外部，人们的环境是不确定的，特别是一个人无法把握与他交易的另一个人的想法；在自身，一个人心态是不确定的，其选择偏好很难把握。听一场牧师讲演或领受一次传销组织者的洗脑，一个人几十年形成的价值观就可能被颠覆。

其实，经济学家对阿罗的批评也有反批评。例如，习惯不见得就是非理性。习惯本身就是一堆偏好。有了新的习惯，意味着偏好发生了变化，消费函数也发生了变化。所以，承认习惯的作用并不会破坏选择行为的一致性，只是这种一致性不稳定而已。还有，人们在信息不完备的情况下作出决策时需要猜测，但猜测不是简单的掷骰子，其中有人的学习，有节约获取信息的成本的考量。个人和计划部门官员在海量信息面前的确是平等的，无法说谁更优越，但行为结果却是天壤之别。计划部门的官员要安排国家经济，而每个消费者的行为只影响自己。

经济学承认理性应用的局限性，但不可否定人具有理性倾向。理性应用的条件是相对的，但人们的理性倾向是绝对的。如果否定理性，人类历史就无法认识。这个世界大抵是有秩序的，世界的变化大抵是可以解释的。笔者曾使用过“经济学理性”这样一个术语，并将其作为笔者一本文集的冠名。此前不曾见别的学者使用这一术语，但笔者也不觉得鲁莽。这个术语有两层含义，一是说经济学认为人是有算计倾向的，二是经济学本身是算计的。

绝大部分人厌恶风险。人的理性倾向不只是表现在人面对不确定性时作出猜测，更有意义的行动是发明一种规则，促使人们建立共同行动，以降低不确定性，减弱猜测的必要性。对这种可能性的最强有力的分析，来自美国思想家罗尔斯。

罗尔斯1971年发表了《正义论》，该书立刻在经济学界产生巨大反响。这部书的后半部分通篇关心的是达到一个稳定的、秩序良好的公正社会的问题。他设想出一种“原始状态”，研究原始状态下社会契约的形成过程或决策过程。设想一群人坐下来玩纸牌游戏，事先对各方得牌情况和自己与对手的技巧对比情况一无所知，那么可以预期他们会对游戏规则达成一致意见，因为游戏规则将对每一个人都是中性的或公正的。达成一致意见的要害是游戏者在有关信息方面是对等的，或者说他们都进入了一个“无知之幕”。罗尔斯将这种现象引入对社会问题的认识。设想人们进入一个对社会的无知之幕，环境与每个人的禀赋是随机决定的，无所谓公正或不公正，所有的人都处于完全平等的原始状态。在这种状态下，人们将选择一组规则以形成一个社会契约，这个社会契约将有可能对所有人都是公正的。

罗尔斯就这样在信息不完备与人的理性倾向之间建立了一座桥梁。我们受到的启示是，人类理性倾向的存在，可以不依赖信息的完备性。这个论述看起来要比阿罗的高明，所以，罗尔斯受到经济学家的推崇。

具有理性倾向的人们不仅要建立一种降低不确定性的制度，还要建立一种共同的价值体系。还是这个罗尔斯，他认为人们在社会领域会选择诸如效率、自由、平等、稳定这样一些价值标准。也许罗尔斯过于乐观了，他也受到质疑。但罗尔斯的思想远比简单地否定理性的那些理论对现实更具有解释力。

好了，不能再对读者掉书袋了。说一千，道一万，笔者只是希望我们有这样一种信念：对这个世界，我们需要进行建设性的批判，并且，我们拥有批判的武器。多年来，笔者基于对经济学理性的信念，不间断地思考中国的发展与改革。本书所收集的文章，正体现了这种思考。

让理性之光亮起，我们心存希望。

第一篇　知识理性

人类思考时，上帝在恐惧。本篇收录的文章都贯穿一个主题，就是对思想世界的人类理性标杆的探讨。唯上帝一个“人”思考的时代已经过去，但还有人在留恋那个时代。

解放思想并不神秘

解放思想并不神秘，这是中共湖南省委书记张春贤的话。这句话好。

解放思想其实就是讲道理，讲科学道理，并且首先是政治家讲道理。政治家要讲科学发展观、科学改革观、科学稳定观，归根到底是要讲科学治国观。如果政治家不讲道理，但又想显得有道理，就要耍花腔，就要披上神秘外衣，所以，解放思想不仅不神秘，还要破除神秘。

的确，在我们过去的主流意识形态中有某种神秘的东西在束缚着我们的思想。在以往数年的“工农兵学哲学”运动中，社会发展本来的简单规律被神化为几条哲学命题，这些命题又被奉为“一句顶一万句”的“最高指示”。按那些哲学教条，人世间似乎没有了是非，坏事可以变成好事，革命或暴力怎么也躲不过去。一旦在普通人脑子里没有了是非界限，那就只能听凭“人类历史上几千年才出现一个”的天才任意裁定是非了。所以，解放思想就必须大胆独立思考，敢于向权威挑战。

认定解放思想并不神秘，就是要相信每一个神志正常的人在自己熟悉的领域都可能正确思考，并有可能得出正确的结论。但在专业化的社会，每个人都有局限性；每个人都限于时间、精力和学业背景，而只能对少数事情产生好的意见。当今世界没有通吃一切的天才，没有绝对权威。

说解放思想并不神秘，就是要相信人世间总有一般规律可以去发现，而且这种规律对各民族都具有普遍意义。如果一般规律之于一个国家表现了某种个性，那也不是因为这个国家的人民天生就是异类，而只是说这个国家在发展的进程中处于某个特别的阶段。承认规律的普遍性，也就等于承认了解放思想是可以相互学习的。不仅一个国家的政治家和百姓之间可以相互学习，国家和国家之间也可以相互学习。所以，真正要解放思想就必须有一个开放的心态。一种思想，如果别人已经想了几十年、几百年，并已经证明在现实世界行之有效，我们自己把它学过来没有什么不好。如果一个民族肯学别人的一种好的社会思想，要比引进几项技术有意义得多。发展市场经济和民主政治这两件事情在一些国家获得成功，我们就可以学习；如果我们自己一定要蒙头想上300年，摸索上300年，那我们就实在笨得可以了。

张春贤书记在最近关于解放思想的讲话中还有不少妙论，很值得欣赏。他说解放思想就是要以“忘我”的境界对待人民群众，敢于打破既得利益，想人民之所想，急人民之所急，办人民之所需。他还说：“前两次解放思想偏重于还利于民，这一次解放思想在继续注意还利于民的同时更偏重于还权于民。”怎么样才能体现还权于民？张春贤说要在注重完善社会主义市场经济体制的同时大力发展社会主义民主政治。我认为他这样讲便是抓住了解放思想的核心，而且这些话也通晓明白，一点也不神秘。

是的，发展社会主义市场经济和社会主义民主政治也都不神秘，而且有国际经验可资借鉴。能学习别人的经验，就可以缩短自己解放思想的里程，可以更快地赶上甚至超越先进国家。我们在改革开放30年里之所以取得巨大成就，走完了一些先进国家用100年以上的时间才能走过的里程，就是因为学习的别人的经验在起作用。中国第二代、第三代领导人深谙这个道理，才义无反顾地选择改革开放政策。关于社会主义市场经济的建立，我们加入了WTO，便有了一个经济改革的蓝本；关于民主政治的建立，我们签署了关于保障人权的国际章程，也有了不错的标杆。当然，国际章程仅仅为我们确立了改革和发展的基本目标，我们在前进的道路上不可冒失唐突，要讲策略，讲轻重缓急，否则就可能出乱子，甚至断送改革成果。但策略要服从战略目标，战略目标不清楚，讲策略也是纸上谈兵。

解放思想还有一个特点，就是拒绝思想强权。抽象地说，解放思想就是要讲科学道理，但在社会领域判定科学与否常常没有简单标准，如果社会体制有系统性弊端，往往是“谁的官大谁科学”。自然，这个时候科学就成了强权的奴婢，也就变成了伪科学。同样地，这个时候讲科学发展观，其实没有一点科学的零碎。想真正讲科学的人面对高官，就像秀才遇见兵，有理说不清。所以，要真正解放思想，就要讲平等讨论，就要相信讨论者的善意，而决不能搞强权，否则，解放思想就会成了少数人的自言自语、自娱自乐。

令人高兴的是，现在的情势有变化。先是中共中央第十七次代表大会号召全党解放思想，不久便从广东开始提倡通过全党全社会的大讨论来解放思想，接着重庆、湖南等省份积极响应。这个解放思想的热潮体现了一种平等理念和民主精神。这样讨论下去，我们的思想才可能真正获得解放。

解放思想有没有底线？

这几个月，关于解放思想的话题不少，但依我观察，不同领域的人讲的解放思想似乎不是一回事。地方官员讲解放思想似乎更多的是讲开拓工作思路，学术界的朋友则似乎在讲自由思考。我心下认为，把解放思想、自由思考和开拓工作思路混为一谈，会贬低解放思想的意义，尽管它们之间也有一定的联系。

解放思想是一个特定的政治发展历史范畴。从中国现代杰出政治家对这个术语的应用来看，它与西欧近代史上的思想启蒙有密切联系。18世纪前后，经过一批思想家和政治家的努力，西欧政治思想界大略完成了由“以神为本”和“以（专）权为本”向“以人为本”思想的转变。发端于20世纪80年代初的中国政治思想领域的解放思想运动，以破除思想迷信开始，继而打破国家权力对经济生活的全面垄断，逐步建立了市场经济的雏形，类宗教的神权和经济专权被动摇了。新一代中共领袖提出“以人为本”的政治理念，实际上续接了尚未完成的解放思想任务，要把解放思想推向更为深入、更为艰难的阶段。所以，讲解放思想，是要解决政治思想的根本性问题，恐怕并不是简单地要地方政府的官员们开拓工作思路。

解放思想还有底线么？当然有。综观人类政治思想史，我们不过是纠缠于两个基本问题：一是合理确定公权和私权的边界，二是合理确定产生公权和监督公权的办法。对于这两个问题，当然有数不清的技术性难题需要解决，但在根本问题解决之前，技术性难题的解决手段不免遇到尴尬。当神权、王权或国家权力笼罩一切时，当神权被祭司集团控制或世俗权力被寡头集团专享时，多数人民不免遭受被奴役的命运。这种状态借种种说辞披上了合理性外衣，而解放思想或思想启蒙就是要剥去这些外衣，重新定义和解释公权与私权的边界以及公权的产生与监督的规则，建立一整套以人本思想为基础的政治活动准则。这些准则便是解放思想的底线。解放思想其实是破除旧的公共行为戒律、确立新的公共行为底线的过程。

大略说来，经过漫长的思想启蒙过程，主流的政治思想愿意承认这样一些基本的人类政治价值准则：政治制度应该尽可能扩大和保护人们的私人活动空间，而将公权的行使限制在尽可能小的范围里，以保障人们在私人活动空间的充分自由；公权的主要使命是保护人在私人活动空间的充分自由，并赋予人们对公共权威机构及其代表的选择权力，使这种权力的行使在政治市场中得以实现。公权的行使要保障人民免于饥饿、免于恐惧、免于被奴役、免于合法财产被剥夺，并平等地享有公权给社会提供的各种便利服务。所有这些人民应享有的最基本的权利，不能通过市场交易来剥夺，也不能通过“少数服从多数”的投票规则来践踏。

从政治现实看，由解放思想或思想启蒙所形成的政治思想底线，常常是脆弱的、不堪一击的，特别在这些底线没有深入人心的时候更是这样。在西欧启蒙运动发生以后相当长的时期里，英国还持续发生“羊吃人”的圈地运动；而美国的民权运动直到20世纪60年代还在如火如荼地进行。第二次世界大战时期，德国和日本法西斯这些怪兽作孽于世界，更让人感到那里似乎从未有过任何思想启蒙运动的踪迹。在现阶段我们这里，一些地方因为要“推动农业现代化”、“发展农业规模经营”，就完全违背农民的意愿，用恢复集体耕作制度的办法收回农民的承包地。在一些学者那里，民权主义被蜕变为民粹主义，一种“多数人”的暴政呼之欲出。这类“开拓工作思路”、“自由思考”与解放思想完全南辕北辙。

有了真正的思想解放，真正在思想深处确立人类最基本的政治价值准则、开拓工作思路才不至于变成主观武断的蛮干。同样地，自由思考作为思考的方法必须服从理性至上的原则，而不是狂妄自大地由自己替代人民思考，更不是蛊惑人民去追逐乌托邦幻觉。解放思想也不能过于着急，要有打持久战的准备。我们最该警惕的，是那些视自己的利益高于一切、把人民当人质的野心家，对他们来说，这个世界没有任何底线可言。

坚守普世价值　彰显民族特色

中共十七大是中国共产党引领中国社会迈向人类文明的标志性大会。用人类文明标准肯定一个党、一个政治集团的纲领和性质，是对这个党、这个政治集团的最高褒奖。我们相信，由中共十七大，当今世界的先进政治家和思想家毋庸置疑地看到了一个和人类文明结缘的崭新的政党。我们还相信，因为这种结缘，中共十七大才能凝聚人心、开掘资源、鼓舞斗志，使这次大会成为团结的大会、胜利的大会、奋进的大会。

人类文明的核心是人类在长期进化发展中形成的具有普遍世界意义的价值准则，以及由这些准则所规定的基本制度。人类本是一个大家庭。一个民族，疆域不论大小，历史无拘长短，只要其告别蒙昧时代，走向文明未来，必然要尊重人类普世价值，和世界各民族携起手来，共同推动人类历史的进步。人类普世价值的存在不否认各民族在迈向文明未来的同时保有自己的特色文化，也不否认各民族根据自己的现实选择前进的节奏和行动的策略；相反，离开了民族的特色文化，放弃了前进节奏和行动策略，任何一个民族都将丧失前进动力，逃脱不了分崩离析的命运。在迈向人类文明的征途上，于坚守人类普世价值的同时，彰显自己民族的特色的积极内容，并将两者成功地结合起来，是对一个政党领袖集团的胆识和智慧的考验。从中共十七大我们高兴地看到，党的新一代领导人拥有超凡勇气和卓越思想，他们能够经受这种考验，这使我们对中华民族的未来更加充满信心。

人类的普世价值并不是抽象的浪漫主义幻想，而是关乎人类福祉的具体的行动准则。自由、公正、民主与和谐这样一些制度范畴不仅是人类获取自尊、独立和富裕的手段，同时也是人类精神福利的组成部分。可以更决绝地说，这些制度范畴构成了人类有史以来所能达到的最高文明境界，任何民族都将获得这样最终的制度进化归宿。我们承认，这些制度范畴要成为现实需要一定的历史条件，当这些历史条件还不具备时，一个民族的制度可以是不自由的、不民主的，甚至是奴役性的，但一个民族如果有幸在生存竞争中延续下来，就必须创造历史条件，最终告别不自由、不公正、不民主与不和谐的制度，而选择自由、公正、民主与和谐的制度。一定的历史条件正是民族特色发生和政治策略选择的决定性因素，一个和人类文明结缘、愿意承担历史责任的政党不能迁就自己特色的消极方面，而应积极创造条件，开掘自己的社会资源，果敢拥抱人类文明的普世价值，以更快的步伐走向文明未来。

改革开放以来中国共产党所走过的历程，就是不断学习和实践人类普世价值的过程，中国经济发展和社会进步是这一过程的必然产物。30多年前“四人帮”倒台为党的思想解放奠定了政治基础，此后，中共抛弃了极左政治路线，选择了以经济建设为中心的治国方略，逐步形成了“以人为本”为核心的新的意识形态，人类普世价值中最重要的内涵被中国共产党所接受。中共十七大提出要建设社会主义市场经济、社会主义民主政治、社会主义先进文化与社会主义和谐社会，明确指出“社会主义愈发展，民主也愈发展”，第一次在新中国成立以后在党的重要文件中肯定了社会主义与民主政治之间存在着本质联系。在大会所作出的一系列改革决定中，关于建立健全决策权、执行权、监督权既相互制约又相互协调的权力结构和运行机制的政治主张受到社会的强烈关注和欢迎，这充分表明，只要是按照普世价值准则所作出的改革决断，一定能拉近党和人民的距离，一定能使政党的意志和人民的利益结合起来。

将人类文明的普世价值和民族特色结合起来的要义是根据自己的历史条件选择迈向人类文明的具体道路。中国正处在社会转型的过渡时期，自己的历史条件决定了我们只能选择社会风险比较小的改革道路。在改革的若干主要目标中，唯民主政治的建立会对全社会的利益关系的平衡发生重大的持续性影响。作为先决的历史条件，我们已经建立的国家政治体制、地方分权体制和产权制度都将对民主政治的实施结果产生影响，我们的经济发展水平、社会分配悬殊状况以及国民的平均受教育水平也会影响我们社会对民主政治的需求水平，复杂多变的国际环境更会给我们的民主政治推进过程带来变数。所有这些因素都决定了我们既要坚定不移地建立社会主义民主政治，又要权衡各种因素，统筹社会利益关系，安排好改革程序，把握好改革节奏。

人类文明的普世价值是永恒的，而民族特色是会变化的。在我们前进的道路上，普世价值不应成为迁就民族特色的祭品。我们要挖掘我们历史遗产中的积极因素，抛弃那些与普世价值相背离的东西，瞄准由人类文明的普世价值所确认的基本社会经济制度，迈开前进步伐，坚决地将中华民族融入世界文明的主流中去。

批评诸葛亮与道德无关

出差在外，在宾馆看了一回凤凰卫视的“一虎一席谈”。这次是谈要不要把诸葛亮的《出师表》从中学课本中剔除出去的问题。节目中的嘉宾吴祚来先生是主张剔除《出师表》的，但有其他人指着他的鼻子，要他扪心自问道德情操是不是有问题。吴先生好涵养，没有现场反唇相讥，只是说了些对诸葛亮不客气的话。一场舌战下来，吴先生这边似乎寡不敌众。

批评诸葛亮就意味着批评者的道德情操有问题么？我不敢苟同。要回答这个问题有两件事情必须说清楚，第一，诸葛亮的《出师表》是不是体现了他的“爱国主义”？第二，“爱国主义”是不是必然意味着高水准的道德情操？

节目中的“捧亮派”认为，《出师表》弘扬了爱国主义精神，是良好道德的范本，而诸葛亮则是道德楷模，二者都值得向年轻人推荐。这个看法正反映了国人在思考社会问题时的那种马马虎虎、不求甚解的习性，很不可取。幼时读《三国演义》，也喜欢诸葛亮，至今如此，但这种喜欢是感性的；理性地看，我很怀疑今人给诸葛亮戴的那些高帽子究竟有何意义。

爱国主义存在的前提是有“国家”的存在，否则，爱国主义只能是无本之木。国家是一个历史概念。在我国古代文字中早就有了“国”这个词，但历史上的“国”大多是一个军事共同体，爱国其实表示了对军事领袖（国君）的忠诚。在一些情况下，军事共同体和百姓的利益并没有重要关系。例如，三国时期，多个军事集团争夺权力，谁获得胜利与百姓关系都不是很大。同样的道理，忠于刘备不需要热爱某地的百姓；诸葛亮的兄弟效力于孙权，也是忠于一个军事领袖，谈不上爱一个国家。政治领袖真正成为一个稳定疆域的利益代表，且这个疆域中的百姓所构成的小共同体和政治家控制的大共同体发生紧密的利益联系，是近现代国家中才发生的事情，其基础是国家的高度商业化和政治民主化。在这样的条件下，爱国和爱国家领袖才可能统一起来，但这种爱也不是古代社会的忠君思想。《三国演义》中有很多歧视妇女、忠君胜过爱妻女的描述，这证明，在那些“义士”心里有君王而没有家庭共同体。爱国共同体和爱军事领袖在这里是分裂的。这种“爱国主义”是不真实的。

在极端的情况下，例如军事领袖是一个独裁者，这个独裁者会把一个疆域中的人民绑在自己的战车上，把人民当作“人质”，这会迫使人们跟随这个独裁者做事，还不得不“爱”这个独裁者。表面上看，这个时候爱国共同体和“爱”独裁者就一致起来了，但“爱国主义”会是少数疯狂者的屠刀，而对多数百姓来说则意味着灾难。

在抵抗异族入侵的战争中，不仅会发生军事集团之间的战争，百姓也总是被裹挟在战争中。入侵者对自己共同体以外的民众很难有认同感，加上他们的恐惧与不安，更会对被侵略疆域中的人民怀有敌意。这个时候，被侵略的共同体的利益就与军事集团的利益暂时一致起来了，民众爱自己的共同体也就要爱军事共同体的领袖。显然，三国时代甚至不属于这种情况。

明白了上面讲的这些道理，我们就不该简单地把“爱国主义”和高水准的道德情操联系起来。道德这个东西其实是一整套调节人们关系的非正式的行为规范，其中包括了对一定规模的共同体的认同以及对它的利益的维护。我说的“一定规模的共同体”主要指的是家庭、家族和小型的社区。例如，随地吐痰是对社区利益的损害，被人看作不道德的行为。在古代社会，小共同体之间的联系极其松散，道德作用也就止于小共同体中。商业民族创造出了现代民族国家，大共同体有了现实的意义，此时爱这个大共同体（国家）也可以被看作高水准道德情操的要求。在这种情形下，国家的领袖和民众应该是一种合作关系，而不是臣属关系，爱国家领袖与爱同胞应该是等价的。

概括地说，爱国主义只有在现代民主国家产生以后才具有普遍的真实意义；只有在国家和民众利益存在广泛联系的情况下，爱国主义才能体现良好的道德情操。更深入地说，国际社会的民主政治越是成熟，国家间的敌意便越会减弱，爱国主义就越多地表现为世界主义。从这个意义上说，在国际政治发展存在高度差异的情况下，一个国家越民主，其国民的爱国主义就越成熟、越具有巨大的力量。第二次世界大战中的日本国民似乎有过强烈的“爱国主义”，但顷刻间他们便驯服地拜倒在美国人的脚下，这说明集权独裁下的“爱国主义”极其脆弱，也极其虚假。所以，我们千万不要把忠于军事领袖看作爱国主义，更不要看作高水准的道德情操。

看凤凰卫视的这个节目，我加深了一个已有的认识：人是需要偶像的，或者说多数人是需要偶像的；进行理性思考的人只是少数。我们不要寄希望于后者能改变前者，大家能相安无事最好。可是把相关话题搬到了有影响力的公众媒体上以后，媒体人士就该引导人们辨明是非。看来胡一虎先生也该反省一下自己的“中立”立场。至于要不要将《出师表》从中学教材中剔除出去，我看也不必有决绝的选择。一个办法是在中学教材中同时采用《出师表》和《止战疏》两种文献，给学生们更多的思考参照物。

何以安贫乐道？

少数富人的生活纸醉金迷、百无聊赖、骄横跋扈，因此招人嫉恨。这些富人何以如此，人们有许多说法，其中一种有影响的说法，认为中国没有宗教传统，其实是说中国没有基督教传统。我自己不信教，并对中世纪天主教的种种恶行存有心结。但随着阅历和阅读的增加，我越来越认为过去对宗教的批评的确有些简单化。

宗教其实有多种功能。教徒们构成一个社交圈子，教会提供公共服务，而且不强制征税。说灵魂由上帝关照，那是夸张，但教会文化对每一个人的影响从他幼时就开始了，耳濡目染造成的影响力很强大。像“十诫”那些教条，虽然不会改变人的本性，但它让人多少知道“三尺之内有神灵”，而对冒犯天条有所忌惮。有思想家说，基督教让人积累财富，但却让人节制欲念，这是西方近代工业革命兴起的重要原因。这个说法也许有些夸张，但不是没有一点道理。

中国思想家也提倡过节制欲念，并留下了“安贫乐道”这样一个有陶冶性情功能的词语。但如果冒险做中西比较的话，我感到中国人的安贫乐道精神似乎不如西方人。中国的佛教过于出世，对人的世俗生活干预很少。俗人们对佛教的利用多出于功利目的，而社会精英们更乐于对佛教做哲学的思考。简单说，安贫乐道在中国缺乏宗教的支持。

其实，提倡安贫乐道仅仅是人类文化对人们狂热追逐财富的一种矫正。人类的本性还是追求生活的富裕。这是由人的进化史决定的。可以假设早期人类存在厌恶财富、对贫困安之若素的基因，后来人种变化过程中也会产生这种基因，但在生存竞争中，有这种基因的人不容易有机会繁衍后代，而那些争强好胜、追逐财富的基因有更多复制自己的机会。长此以往，人类社会的主体居民便是财富偏好型的。在这个基本方面，中西方文化在本质上并没有差别。

在追逐财富的过程中，人们难免好勇斗狠，陷入负和游戏的僵局。消除这种僵局的办法是人们之间的合作，但合作需要权威，而在漫长的历史进程中，权威是依靠暴力来维系的。学者们喜欢把人类历史划分为不同的阶段，但我认为以往的历史阶段其实就是两个：一个是300万年，叫做军事社会阶段；一个是300年，叫做民主社会阶段。后一个阶段从整体上看至今没有完成。所谓民主，也不是语意不清的“人民当家作主”，而是民选领袖替代了军事领袖。

在军事时代，劝慰人们安贫乐道，不免虚伪。那时，民众普遍贫穷；贫穷不是因为乐道，而是无奈。把安贫乐道挂在嘴上的，常常是富人，或者是想换一种活法的富人。人们其实也看清了个中奥秘，但还是愿意提倡安贫乐道。这又是为什么？仔细想，一些人的贫穷，给另一些人提供了安全感，后者从安贫乐道的提倡中能得到好处。自然，获得安全感的富人，对穷人不可能有真正的尊重。

但事情总有例外。绝大部分人不会为乐道而安贫，但少部分人还是有的。后一种人需要认真甄别。他们本身有能力致富，但却选择了一种清贫的生活。这些人的生活态度，是人们津津乐道的对象。用经济学的行话说，这些人的消费偏好或效用函数显著区别于他人。他们因乐道才安贫，当人们确知这一点时，就会对他们尊敬有加。

历史上安贫乐道的典故因文人墨客的记述而为人们所熟知，但现实生活中人们并不容易区别无奈式贫穷和乐道式贫穷，不免把所有贫穷看作一码事。那些过着乐道式贫穷生活的人，若需要他人的尊敬，可能会向人们诉说自己的人生理念，结果会被人们看作虚假的安贫乐道。既然看破红尘，又何必倾诉衷肠？就像有人批评曹雪芹，既然悟道，又何必写《红楼梦》？所以，提倡安贫乐道常常不讨好。尽管人们对一些富人的不良嗜好很是反感，但总体上还是对富人以及他们的财富心向往之。所谓仇富，并不是中国人的普遍心理，其实也不是世界人民的普遍心理。

为了帮助一些富人逐渐克服纸醉金迷、百无聊赖和骄横跋扈的不良行为，的确需要社会精英和意识形态的操控者刻意去打造一种积极的价值观。要让这种努力带来效果，我看提倡普遍尊重人权要比提倡安贫乐道更有意义。富人可以自由地花费他们的钱财，但前提是不要侵犯别人的权利，包括人们的环境保护权。普通人可以选择清贫的生活方式，但社会不能剥夺他们的发展权，不能使他们无奈地“被清贫”。也许只有权利平等有基本保障，人们才会真正尊重穷人。为了人们之间的平等，特别是精神上的平等，也不必一定要诉诸宗教，在政治上尊重人权，推进民主，也应该能达到目的。

基因平等

人类每一次大的科学发现和技术进步都会引起人们的兴奋，但也会引起一部分人的忧虑。近几年，以基因研究为主流的生命科学的进步也同样引起了人们的忧虑。

2007年5月，美国一家生命科技公司声称，他们用低成本的办法完成了对一个人的基因测序。这就是说，决定这个人遗产密码的几万个基因以及构成这些基因的60亿碱基对，都已经得到了确认，人们可以对它进行“阅读”了。科学家很乐观地认为，未来可以用大约1000美元的成本对每一个人的基因进行测定（《中国青年报》2007年5月28日）。其实，当这项工作批量进行的时候，成本持续下降也完全是有可能的。这个时代一旦到来，大概每一个人都会拥有自己的基因图谱。

如果科学家能够把每一个基因或基因的重要片段的生命功能意义确定下来，那么，每一个人的命运也就大体能预知了；因为科学家已经发现，人的许多疾病和基本行为都与基因状况有关。在一些人看来，这样一个结果似乎不那么美妙。

在每一个人的基因都确知的情况下，会不会产生“基因歧视”，让那些拥有基因优势的人获得更大的好处？特别是那些有基因缺陷的人会不会有了“基因宿命论”，甘愿受其他人摆布？如果出现了这些现象，我们的社会会不会丧失活力并产生更难以逾越的裂痕？

从历史的经验看，这些担忧或许没有必要。迄今为止，人类的进步大体上是加深对自己以及对自己的生存环境的认识的过程。这种认识每深入一步，都引起了社会的积极变革，也提高了人类物质生活的质量。过去几十年是信息革命的时代，这个革命的高潮兴许已经过去，将要兴起的革命大概可以叫做“基因技术革命”。

基因技术兴起的重要好处，应该是减少了社会生活的不确定性，并减弱了人们对宗教的依赖。宗教产生的根源是人们对不确定性的恐惧。费尔巴哈曾说："宗教的整个本质表现并集中在献祭之中。献祭的根源便是依赖感——恐惧、怀疑，对结果、对未来的无把握……而献祭的结果……则是对结果的有把握，自由和幸福。"人们对不确定性的恐惧最突出的表现是惧怕死亡，认为所谓彼岸世界最神秘莫测。但基因技术可能大大延长人的寿命，有可能极大地改变人们对死亡的看法，从而使宗教信仰失去基础。

也许有人会坚守宗教的意义，认为宗教带来的安慰是人所必需的。但这种看法可能站不住脚。宗教具有安慰功能是因为人们需要安慰，当社会生活高度确定以后，人们不再需要安慰，宗教还有存在的意义么？

真正需要考虑的一个问题是，当社会生活变得高度确定以后，人们会不会在相当程度上失去生活的激情，并产生另一种恐惧？《庄子·应帝王》讲道："郑有神巫曰季咸，知人之死生存亡，祸福寿夭，期以岁月旬日若神，郑人见之，皆弃而走。"可见，人们对"定数"也是恐惧的。除开死亡，即使对生活的定数不恐惧，至少也会厌烦的。我们对这样的生活、这样的社会还会有兴趣么？

解决这个问题的办法还会来自基因革命本身。先天的基因不应该成为定数，否则基因革命就算不上成功。事实上，生命科学家已经开始探索在基因层次上诊断和治疗疾病。有毛病的基因可以被替换；基因的功能可以被优化。但这种操作不会是没有成本的。这里仍然面临经济学上讲的资源的稀缺性。不是人人都容易解决自己的基因改良问题。从这个意义上说，基因革命以后的社会与现在的社会仍然没有本质差异，就是说大家还是要有一个稀缺资源分配的制度。

解决基因改良的资源平等分配问题，需要未来的人们发明出一种合适的制度。但可以想象的是，未来的人们将为"基因平等"而斗争，就如同现在的人们为"人人平等"而斗争一样。任何人都不能不为自己的基因负责。人人都有同样的权利改良自己的基因。显然，依什么次序、在什么程度上改良自己的基因，的确需要未来的人们创设一种好的制度。

为"基因平等"而斗争，会不会酿成世界大战？我看不会。基因技术在相当长的时间里完全有可能掌控在发达国家手里，这使得为"基因平等"而斗争成为一种全球化的行为。但基因技术资源毕竟不是传统资源，它与土地的关系不大。随着生物能源技术和受控核聚变技术的突破，传统资源的获取可能不再是人类冲突的根源，而争夺基因技术的优势不是靠控制领土能够实现的。我们在未来可能面临世界秩序的构建，这个任务将超越国家秩序的构建。但在任务来临之前，世界各主要国家应该先解决好自己的国家秩序构建问题，更积极地开发自己的人力资源，发展基因技术，为基因平等的世界秩序创建基础。

中小学人文教材改革要坚守以人为本

最近，上海中学历史教材改革工作引发了风波，其中颇有让人不快的方面。苏智良先生主编的教材并不是不可以停止使用，但那种停止法儿总让人觉得不大对头。先是外国记者的片面报道，接着有国内媒体的盲目跟进，再有几个“学者”的上书，这教材就被扼杀了。这本教材的编写，由一位新中国成长起来的史学家来主持，又由一批学者参与，最后还有专家来审定，想必不会太离谱，更何况这本教材又试用过几年时间。但最后的结局似乎是这一群人不值得被信任，而一个并不懂得中国历史的外国记者的话成了判定是非的依据。什么时代了，还有人伸长鼻子这儿嗅嗅，那儿嗅嗅，嗅不到什么，就听一个外国记者的话，实在很不像样子。这件事情的结局很是令人遗憾，开了这样一个先例，以后的教材改革更会困难重重。

中小学人文教材改革太慢，课程设置与青年思想成长过程契合不够；主流社会的思想解放和文化启蒙的成果在教材中的反映过于滞后；教材想告诉学生的内容太多，给老师诠释课程的空间太小。我很惊讶地看到，现在一些年纪小小的孩子也能够空话套话连篇，独立思考精神鲜有表现。网络上活跃的那些孩子不了解“文化大革命”，不了解“大跃进”，听到这些事情以为是天方夜谭。纠正这种人文教育上的偏差，必须仰赖中小学教材的改革。

中小学人文教材改革要有大的思路。小学除开教授基础文化课以外，应重点进行以基本礼仪为主的社会行为规范教育。初中的政治课与历史课应该结合起来，可称作“人类文明简史”课，让学生从对历史现象的了解中获得初步的政治概念。高中的人文课程应注重对历史的初步解释，而不是给学生灌输空洞的政治理念。高中可设“社会发展概论”课程，并分为“经济发展基础理论”和“政治发展基础理论”两个子课程。中小学的人文知识教育要注重基础知识，马克思主义这样的尖端知识教育应作为大学教育的一个必要部分。

小学时期以基本礼仪为核心的社会行为准则教育，要以人类一般文明规范为基础，同时辅以我国优秀历史文化传统教育。独立、自信、创新是人之立世的根本，要让我们的孩子以此为基础逐步形成自己的人生价值观；节制、宽容、勇敢是全人类共同认可的基本美德，要让小学生从小铭记在心；诚信做人、尊敬长辈、扶弱济困、敬畏自然是人之高尚情操，要让我们的孩子终身努力奉守。我国伟大教育家孔子以及历代先贤对人类的行为规范多有归纳总结，并用优美的汉语加以表述，是我国文明史上的瑰宝。在剔除这其中反映忠君思想和消极宗法观念的内容以后，其余思想也可以吸收在小学教材中。

初中的"人类文明简史"课要反映艺术文明、技术文明、（正式的、非正式的）制度文明的演化过程，特别要反映国家的演化过程。这项教材编写任务的难点在于用历史事实的陈述来反映国家的演化过程和爱国主义的意义。前不久发生的关于《出师表》要不要吸收到中学语文课本的争论，正反映了关于国家演化的观念不仅在我国中学生中是一片空白，就是在我国知识界也多有舛误的事实。我们的教材要让学生懂得，爱国主义存在的前提是有"国家"的存在，否则，爱国主义只能是无本之木。历史上的"国"大多是一个军事共同体；"爱国"其实表示了对军事领袖（国君）的忠诚。爱国主义只有在现代民主国家产生以后才具有普遍的真实意义；只有在国家和民众利益存在广泛联系的情况下，爱国主义才能体现良好的道德情操。国际社会的民主政治越是成熟，国家间的敌意便越会减弱，爱国主义就越会更多地表现为世界主义。在国际政治发展存在高度差异的情况下，一个国家越民主，其国民的爱国主义就越成熟、越具有巨大的力量。如果不能树立正确的爱国主义观念，就会在青年人中滋生极端民族主义，产生抵制对外开放的破坏性力量。

高中的"经济发展基础理论"课程要告诉学生，尽管社会大众中的多数人十分看重个人利益，但这并不可怕，相反，这种趋利思想在合适的条件下可以成为经济发展的精神动力。在经济发展中，市场的力量使每一个有利己思想的人不得不在逐利活动中尊重他人的利益，从而有可能使"利己人"之间大体构成一个和谐社会。市场力量还促进社会分工日益深化，使经济效率的提高永无止境。再不能把人的趋利行为看作洪水猛兽，不能将个人利益和社会利益简单对立起来。这门课程还要告诉学生，在财富的创造过程中，尽管人作为生产的主体会看中人自身的劳动在财富创造中的作用，但资本和土地作为稀缺要素必须参与生产成果的分配，否则生产过程无法进行。再不能把资本按一定的规则参与分配看作“剥削”，不能把资本家看作社会的敌人。最后，这门课程还要告诉学生，政府应该通过立法来调节劳资关系，通过宏观调控来平衡经济总量之间的关系，以弥补市场调节的不足，保障社会经济的和谐发展。

高中的“政治发展基础理论”课程要给学生传达自由、公正、民主和秩序这样一些现代社会的基本理念，从一开始就培养学生理性思考的能力，避免浪漫主义。学生们应该懂得，在社会活动中，尽管人人追求自己的最大利益，但社会利益不见得总能实现最大化，因此我们需要一个公共权威来调节个人和社会的关系，这就是政府。政府向社会提供基本秩序和法治环境，公民应该奉公守法；政府人员由政治家和公务人员组成，公民对政治家应该有民主选择权；公民纳税，政府提供服务，二者构成了政治市场。学生们还应该懂得，人与生俱来就享有免于饥饿、免于歧视和社会迫害的自由，享有平等地获得政府基本公共服务的权利，政府应该充分保障公民应得的这些自由权利。为消除浪漫主义情结，我们的教材还应该告诉学生，政治发展是一个过程，上述政治权利的获得不可能一蹴而就，需要通过改革逐步实现。改革充满风险，只有理性地部署改革过程才能成就改革大业。

说到底，上述知识系统的核心是以人为本、兼顾社会的理念。循序渐进地向我们的中小学生传授这些基础知识，有利于我国年轻一代理性地认识自己、了解社会，有利于使他们成为思想稳健、政治成熟的现代公民。

书斋里的农耕文明

人类退回到农耕文明时代，是不是有利于环境保护？答案似乎是肯定的。但人类为此要付出什么样的代价，也应该掂量一下。

保护环境是中国政府确定的几项基本国策之一，其政策目标是完全正确的，只是一些具体的操作办法还有待完善或调整。环境污染成了工业文明令人恐惧的副产品，这也已经成为人们的共识。但认为只有退回到农耕文明时代才能解决环境污染问题，恐怕是犯了浪漫主义的毛病。

我还要讲讲那个老掉牙的故事。说一个穷人在海滩上晒太阳，晒的方式自然是农耕文明的方式，没有防晒霜，没有香槟酒，晒完以后也不会住到五星级宾馆冲个凉水澡。一个富人不理解，以为这穷人太懒，放弃了致富的机会。富裕后又能如何？富人的答案，还是说富裕以后可以有休闲时光，可以晒太阳。穷人嘲笑富人：我不已经在晒太阳了么？如果这个故事中的穷人和富人仅仅是价值观不同，倒也不会有什么让我们困惑的问题。在大酒店圈占的海滩上晒太阳，与在小渔村的码头边晒太阳，究竟有多大的福利差异，全看人的心理评价。如果农耕文明和工业文明的区别就是晒太阳的方式不同，我自己也愿意去鼓吹人类应该退回到农耕时代去。但事情没有这么简单。

农耕社会不是《艳阳天》、《创业史》所描述的社会，倒像是陈忠实《白鹿原》里的社会。没有亲身经历过那个社会，又不肯读书思考的人，便会以为那必是一个山明水秀、风清月朗的社会，也是一个长幼俨然、尊卑有序的社会。总之，是“天人合一”的和谐社会。

其实，在典型的农耕社会，山明水秀大抵不假，人际和谐则完全不是那么一回事。那是以人身依附为特征的社会，用我家乡的话，叫做“人欺负人”的社会。

先用逻辑演绎来描述农耕社会的人身依附关系。产业部门简单的生产方式，必然决定人身依附关系的发生。因为主要社会阶层都依赖农业，手工业和商业处于附庸地位，社会就产生不了超脱于生产的公共部门，在一个村落里更没有独立的公共权威。这里也有公共事务，但那是宗法领袖的兼职事务。在农业村落里，大家因为自给自足，没有建立在互通有无基础上的买卖关系，换取公共服务的筹码便只能是非物质的东西，这就是公共事务以外的服从。这里的公共服务主要是内部秩序的维护和对外的安全保障。特别是在对外冲突中，乡村领袖要承担很大风险。他们的风险收益是公共事务以外家族成员对他们的服从。

服从的含义是社区成员大大压缩自己的私人活动空间，将大量在现代人看来纯粹是私人的事务变成“公共事务”，并交由社区权威来控制；社区权威对这类事务制定一种规则，谁违反规则，谁就被惩罚。权威的产生，自然是不需要民主的。宗法关系、官府背景、暴力资源，都会是最主要的决定权威产生的因素。

上面的说法是逻辑演绎，真正的农耕社会图景也大抵如此。农耕社会的人们究竟在多大程度上压缩了自己的私人活动空间，从一部《礼经》便可看出个大概。小到吃饭穿衣，大到婚丧嫁娶，都有过了头的规矩。尊卑长幼之间更是有数不清的清规戒律。所以，鲁迅先生便说礼教社会是一个“吃人”的社会。中国古代妇女裹足的陋习，印度等南亚国家至今尚存的对妇女的不公正待遇，都是农耕社会极度压缩人们私人活动空间的表现。欧洲历史又如何？听听韦伯的说法。他说，农耕社会的规则“不是对抽象规范的服从，而是一种严格的个人效忠”，它的“最大特征是权力的专断性与随意性”。韦伯甚至想象“中国的农民是在光棍（地痞流氓）专横无产村民的控制之下”。后一个说法是韦伯的错误演绎，他知道中国官方对产权保护不力，便以为中国农村便没有了基本的财产秩序。中国农民为了生存，会将自己的土地“投献”给官员或各类权势人物，所以土地私有制常常变成了土地“官有制”。如果有人说这种人身依附关系也不赖，那我们希望他们从自身做起。

若有学者以为农耕文明社会就是“桃花源”，那无碍大局，因为农民会用自己的脚来证明学者们犯了错误。如果政治家和学者一样也昏了头，他们就会想办法把农民束缚在农村，不让农民进城，以为这样可以解决许多难题。现在看来，这种可能性不大。

环境是要保护的，但不能退回到农耕文明时代。的确，我们正面临能源紧张、温室气体增加、环境日益恶变的难题。这在经济学上被称作个别成本与社会成本的差距不断增大的问题。解决问题的办法是通过制度调整来影响资源的相对价格。能源价格提高，会诱致能源技术革命。环境使用价格提高，也会诱致环境技术革命。现在的问题是，制度的僵局常常阻碍价格的提高。中国的养路费改成燃油税，可以大大节约石油消耗；农业灌溉用水价格提高，可以大大改善环境。保护环境的《京都议定书》过去澳大利亚和美国都不签署，现在前者签了，后者还不签。美国政治家似乎没有能力调整环境使用价格。出路本来是有的，这就看国际舞台上的政治家在多大程度上承担起时代赋予他们的责任。

文明基因与大国崛起

因为经济成就巨大，中国人有了空前的大国心理。不用说中国经济总量超过日本和美国，若假以时日，并解决好一些难题，就是人均水平达到世界第一，也并非没有可能。但是，仅仅靠经济成就来支撑大国心理不免脆弱，搞不好反倒不能真正成为一个大国。学者和政治家对大国话题要慎重得多，但刻意回避这个话题也不必要。中国对世界的影响越来越大，如果我们不去思考大国的历史角色问题，在面对复杂的内外形势时，难免会进退失据，贻误发展时机。本文讨论关于大国崛起的一些基本问题。

一、帝国与大国

人们通常把那些拥有公共品强制交易制度的人的共同体，泛泛地称为国家。其实，历史上的这类共同体各不相同。将“国家”的演替划分为四个历史形态，更有助于我们认识国家的意义。

首先是部族共同体形态。这种形态的共同体其实无所谓一个国家，人们先是逐水草而居，根本没有明确的边界。后来有了定居农耕氏族。部族之间有战争，但军人没有职业化。

接下来是军事共同体，它的有效控制边界也不稳定。这种共同体的军人有了不同程度的专业化，对外侵略或守土，对内控制百姓。很多军事共同体演变为帝国。在一些历史时期，文明世界分为帝国和附庸国。帝国是疆域大的军事共同体，但并不是真正意义上的国家，更不是现代意义上的大国。中国从秦始皇开始，进入一个漫长的帝国时代，一直到鸦片战争后变成了一个附庸国。

“国家”演替的第三个阶段，是民族共同体或民族国家。我们现在讲国家的时候，通常讲民族国家，但是民族国家和军事共同体不一样。比如说军事共同体适用的原则是命令主义的原则，但是又有商业规则，但主要是命令主义原则。民族国家的基本政治制度是民主制度和文官制度，军人受文官政府的钳制。到目前为止，世界很多国家还不是真正的民族国家，如非洲和南亚一些国家。西欧一些国家最早演化为民族国家，其中一些国家侵略世界其他地方的部族社会，使之变为它们的殖民地。西欧列强在退出殖民地时，给殖民地划定了与当地部族有效控制边界完全不同的国家边界，给这些国家留下了纷争。这是当今世界局部战争连绵不止的重要原因之一。

第四类共同体形态，我把它叫做民主联盟共同体。现在，欧盟越来越像一个国家了，尽管要它像一个国家那样运行还需要假以时日。这不仅在法律上，在欧盟人民的心里也是如此。[①]美国一开始就不是一个民族国家，而是由附庸国直接演变为民主联盟共同体国家。

苏联是一个帝国，毛泽东时代我们把它称为“苏修帝国主义”。苏联解体时，戈尔巴乔夫曾试图把它改造为一个民主联盟共同体，但没有成功。

以上四种形态的人类共同体的逐步演化，代表了人类文明程度的提高。特别是由军事集团控制社会转变为民主社会，是人类文明的一个根本转折，也是一个最艰难的历史转折。我们把这个转折称为人类由传统社会向现代社会的转变，对中国来说，则是由中华帝国向现代大国的转变。

二、文明基因

所谓“文明基因”只不过是容易促成传统社会转变为现代社会的基础因素。现代社会的重要特征是分权，由军事集团的集权转变为文官政府的分权结构，是一个艰难的历史变迁过程。一切有利于分权结构形成的因素，都可以视作文明基因。

西欧历史上一直潜藏着三个现代文明的基因。

第一个是北欧海盗散播的海军化的社会结构。依我近些年对欧洲历史的阅读和思考，北欧海盗向南进攻对欧洲社会影响很大。海军活动是欧洲历史的普遍现象。庄园制度是海军舰队结构在陆地上的翻版。海军本身的分权程度就超过了陆军，这是海军的技术性质决定的。庄园制的内部分权程度超过了秦始皇以后的中国。

第二个是欧亚交界地带的商业民族。商业民族天然拒绝专制。早期的欧洲自治城市产生于东西方贸易的交汇地带。如马克思所说，商品是天生的平等派。商人社会拒绝贵族。土地贵族如果不和商业结合，不会太富有。在专业

---

① 几年前在英国，一个农场主与我谈话时很自然地把欧盟称为“我们的政府”，很令人感慨。

化的条件下，土地贵族不会卷入商业冒险。这种情形提供了商人赎买自治权的可能性。

第三个是基督教。基督教促成了灵与肉的分离。基督教及其后来的演化形式介入世俗生活，和国王分权。基督教实际上在很长的时期里是穷人的宗教，起到了组织穷人的作用。这里第二和第三个因素产生了欧洲社会的外部分权。

在以上因素的作用下，西欧社会有了制度变革的进程。政教分离、实验科学的兴起、知识阶层的独立化以及专利保护、复式簿记、股份公司、私有产权保护等，都在分权结构下逐步出现，并为工业革命创造了前提条件，也为欧洲社会后来发生的商业战争（即资产阶级革命）提供了扎实的历史准备。

商业战争在英国率先成功，人们以为英国和欧洲大陆有重要区别，其实这是一种误解。差别是有的，但不是根本性的，否则没有办法解释英国的成功能够在西欧很快普及。荷兰的开明，是它接纳了被西班牙驱赶的犹太商业集团。英国的岛屿屏障，使它易于保护自由思想和创造力。但欧洲的其他国家在分权结构上和荷兰、英国没有太大区别。欧洲，特别是西欧，总体上是一个整体。

在分权结构中，私权和公权的分离尤其具有重要意义。此二者的分离及其规范化，是理解近现代史演变的钥匙。不能排除产权以外的要素对历史演变的影响，例如，对产权实行同样的保护，有的国家发展快，有的则发展慢，这大抵是一些偶然的历史事件在起作用，而纯粹的史学家看重的常常是这些东西。对历史有重大影响的因素主要是产权（包括公权和私权）的界定和保护。

三、中华帝国的历史遗产

中国的皇帝发明了颇受西方人推崇的文官制度，文官的产生甚至采用了考试录用的方式，但这也不过是最高军事领袖为钳制下级军官而设计的一种制衡制度而已。这种制度只在战争间隙发挥作用。一旦战争开始，一个农夫可能会成为战争机器的螺丝钉。秦始皇的战争机器之所以威猛，便是因为它能够强制辖区内的每一个农夫为战争效力。

类似于中国的文官制度产生了对军事领袖的分权，欧洲产生了宗教和自治城市对世俗军事共同体的分权。教廷有时候也操起武器，以上帝的名义发动战争。宗教共同体给自己戴上神圣的光环，使得一部分易受精神伤害的人对它有了更强的服从和依附。

中国的文官分权和欧洲的宗教分权决非没有历史意义，它们对各自传统社会解体的速度和方式多少产生了影响。但是，中国和欧洲的传统社会尽管有诸多不同，它们的共性却异常鲜明，那就是对身份的依附、对暴力的服从。依附军事领袖的文人墨客发明了种种论证既定制度合理性的话语体系，提出了种种维护军事共同体的道德规范，蒙蔽着精神脆弱的人们。近代思想家把这叫做“以权为本”或“以神为本”，其实，说穿了，就是以军事共同体的领袖为本。近代思想家还发明了另一套话语体系，说传统社会没有自由，没有平等，没有公正，没有民主，应该颠覆这样的社会。

传统社会果真没有任何“合理性”么？如果没有，人类为什么会在漫长的历史时期选择那种不自由、不民主的制度呢？如果这种选择只能证明人类的荒谬，我们又怎么能理解人类自己从自然界的物竞天择中脱颖而出呢？

传统社会的合理性存在于历史当中。人类结成大大小小的军事共同体，并使这种共同体成为社会的主体形态，是生存竞争的需要。当资源匮乏时，只有包括全体居民的集体军事行动才能获得生存资源的保障，而狩猎文明和“自给自足”的传统农业文明因为没有专业化分工因素的注入，都无法免除匮乏之虞。传统农业社会由一个个“熟人社会”单元构成，根本就不需要民主。所以，不要以为无自由、无平等和无民主的传统社会就那么荒谬。

合理性并非现代意义的和谐性。士兵、俘虏、奴隶等一切推动军事机器运转的低层民众并非自愿和军事共同体的领袖们达成社会合作契约，这不像一些学者说的那样，贵族给穷人提供保护，穷人以限制自身自由达成对贵族的依附。这里有服务的“交换”，但不是自由的交换，而是一种暴力的强制。

合理性是暂时的。终于有一天，传统社会的合理性变成了荒谬，近代思想领袖们宣布旧时代是一种罪过。尽管这新思想并非真实，但却鼓舞人心。军事共同体的领袖们，那些皇帝、国王和将军们，决不愿意承认他们是罪人；曾经有过的历史合理性在他们脑子里成了道统、天则。于是，近代的战争就不再单单是军事联盟之间的战争，而包括了暴力的掌握者对人民的战争。

有一种说法，认为中国从明朝中叶就产生了资本主义萌芽。若承认这个观点，那就是说中国早在500年前就开始向现代社会过渡了。更有甚者，说中国从秦始皇时期开始就有了资本主义制度。他们的错误在于把资本主义等同于私有制，又把私有制等同于现代商业社会。

资本主义是一个整体性的制度，并不是商人居住在一起就构成了一个资本主义社会。早在中世纪，欧洲就出现了摆脱了封建主和王朝的封建义务的城市自治体，这在中国是从来没有过的。中国的文官是依附于由军事领袖变成的皇帝的奴婢，所以，马克思说中国古代实行的是普遍的奴隶制。至于中国古代的商人，要么是官商，要么是在夹缝里生存的私商，都无独立的财产权的保障。顾准先生一针见血地指出，在重农抑商历史传统下的中国商人，只会当西门庆，舐一些太监的唾余，绝不敢要求政权。中国的宗教也是军事共同体的附庸。

从上述意义上说，中国自己并没有出现过现代商业社会的萌芽；现代商业社会从实践到观念完全是一种外来的现象。晚清时期的“百日维新”只是外来商业思想试图敲打一下这个传统社会。蒋介石的宪政思想仅仅停在纸面上，他所依赖的垄断买办商业集团既没有对民主政治的需求，又没有能力向社会提供一个适应商业社会的法权思想体系。推翻蒋介石的中国共产党人更不是来自商业社会，党在取得政权以后照样建立了一个控制一切的社会，甚至完全消灭了各类民间商业活动。近代各种外来政治理论来到中国，每一个政治集团拣到了适合自己的理论，讲新的政治话语，而他们的实际政治行动与以往的君主政治在社会结构上没有多少区别。中国的这种历史遗产决定了她向现代社会过渡存在巨大困难。

四、解决帝国向现代大国过渡的难题

中华帝国向现代国家转变时迟了一步，使它一度变成了附庸国。真正的转变实际上从30年前的改革开放开始，而此前革命政权的建立为这种转变提供了某种条件。

但我们的转变还远未结束。我们甚至不敢说对这种转变的历史进程有了比较清楚的认识。

欧洲这块地方在同一历史时期给我们提供了两个相反的政治变迁案例：一个是欧盟，它使多个民族实现了联合，变成了一个新的意义上的“大国”；另一个是苏联，它使本来联合起来的多个民族分道扬镳，由帝国变成了一个被分割以后的弱国。这种差异的发生当然有经济基础的因素在起作用，但政治家对历史的担当能力的差异，也具有关键性的意义。

中国的改革难道要复制欧洲社会转变的历程么？不。固然中国古代社会没有创造一个多元化的分权社会，但她也不需要再用上千年的时间卸下历史包袱，去准备自己实现历史过渡的条件。

中国改革存在“后发优势”。中国社会的世俗化特征决定了中国的包容性，她的国门一旦打开，西方世界技术文明、经济文明将如洪流浸淫沙漠一般被中国所吸收；中国在30年里做了西方人千余年做的事情。中国政治的包容与开明也远甚于300年前的西欧国家。

西方历史上的外部分权让它们的转型变革曾经充满了剧烈的动荡；它们的政治文明已经建立的事实，构成开放背景下中国政治的一个有限的外部分权因素——中国政治家仅仅把西方文明看作自己独立行动的参照系，他们在国家权力的支持下，能够按照自己对转型变革的理解去独立安排改革的进程。这是中国渐进改革内生的逻辑。

中国要在彻底抛弃中华帝国旧制度以后，使自己跨越西欧人走过的“民族共同体”阶段，转变为一个像现代美国或欧盟那样的“民主联盟共同体”大国，使中华民族真正变为一个大民族实体，还要做两方面的事情，一是要放弃“造反有理”的革命思维，二是要在风险最小的情况下完成分权化改革。

（一）放弃“造反有理”的革命思维

从老一辈人讲的一些具体的事情，到我们看的一些历史资料，都给人强烈的感觉：蒋介石政权从来就没有统一中国，或者短期内在形式上有统一，实际上没有。他的中央权威很弱，可能比现在的印度中央政府还要弱。在这样一种情况下，革命力量打败了蒋介石，打败了一个非常弱势的政府。我们的枪杆子胜利了。

但是，革命就是不讲道理；继续革命就是继续不讲道理，特别是不讲市场经济的道理。革命的道理是什么？毛主席的话叫做“马克思主义的道理千条万绪，归根结底，就是一句话：造反有理”。帮助“枪杆子”的“笔杆子”要讲道理，自然讲的是“革命”道理。我们革命成功以后，“笔杆子”的确造出很多理论，就是论证革命的合法性，论证这个革命成功的原因，给我们一个理论体系，给我们一个认识体系。现在看来，这个体系的确有很多的问题，而最大的问题是革命道理不适用于搞建设。

继续革命时期，出现过一些我觉得好的探索，就是想放松管制，搞一点市场经济，结果很快就不行了。“笔杆子”讲不过“枪杆子”。结果我们还是处在认识社会发展基本规律的迷雾当中。只要继续革命，就不好讲道理。

改革开放30年，很多市场经济的道理可以讲了。但“造反有理”的道理没有被完全抛弃。建国后革命政权统治之下的国家，仍有军事共同体的特征。很多原则仍是革命性的，后来毛主席看他的同伴革命劲头有了问题或不像他要求的那样团结，就讲继续革命，所以，“造反有理”的基本精神还在发生作用，命令主义的原则仍在发生作用。这个原则甚至到1982年都有所表现。1982年《宪法》里的一句话，就宣布所有的城市土地都是国有的。这是继续革命精神的表现。这是一个军事原则主导的社会，不是成熟的法制社会。法制社会的核心是法律制定的程序，以民主制度为基础，而不是没有法律。我们通常说的民主国家，就是法制社会。现在讲科学发展观，就是要进一步抛弃“造反有理”的道理，尊重人的权利，特别是财产权。

（二）在风险最小的情况下解决三大分权改革

中国改革的使命是实现由传统社会向现代社会的过渡。总结已经完成过渡的国家的历史经验，改革的难题集中在三个方面：一是处理好国家和社会的关系，解决国家给人民分权的问题；二是处理好中央和地方的关系，解决中央给地方分权的问题；三是处理好劳动和资本的关系，解决资本与劳动之间的分权问题。这三方面的改革是一个漫长的过程，需要三五十年乃至上百年的历史进程。指出这一点可以使我们对改革的难度有清醒认识，便于我们依照轻重缓急来安排改革过程。

但改革应有底线。改革不夭折、国家不分裂、社会不对抗、政权可持续，应该是改革主导者愿意接受的底线。在这些底线之上，改革才谈得上取得何种成绩。

因底线失守而产生的风险出自三种情形：一是在处理国家与社会之间的矛盾中，可能发生改革失序和改革过快的风险；二是在处理中央和地方关系时，也可能发生改革失序的风险；三是在劳资关系方面的改革中，可能会有改革太慢产生的风险。改革的风险控制是指通过对改革措施推出的顺序与节奏的把握，尽可能地化解与改革有关的各种风险。

今后必须实行的改革的举措按照风险大小的次序排列如下：

1. 通过调整劳资关系、改善国民收入分配政策，促进中产阶级的崛起与壮大。

具体的改革措施包括：认真贯彻《劳动合同法》，加大对违法者的惩处力度；改革户籍制度，确立全国人口登记制度的基本准则，赋予各城市政府户籍

“门槛”设置权力；失业保障、养老保障和最低生活保障覆盖全国，但社会保障的具体水平以省为单位确立；尽快制定《赠与法》、《遗产继承法》，建立累进性的赠与税和遗产税，最高累进税率可以具有没收性质（此项规定要区分公司财产、慈善基金会财产和个人财产，累进税率只针对个人财产，公司财产在转移为个人财产时给予某种限制）；适度提高个人累进所得税率。

2. 通过法制化的途径规范中央和地方之间以及地方政府之间的关系，建立满足效率、稳定和公正要求的地方管理体制。

3. 调整国家与社会的关系，逐步发展民主政治。

如果上述第一方面改革不到位，可能滋生激进平民主义政治力量；如果上述第二方面改革不到位，可能滋生利用民主政治裂土为邦的激进地方主义或民族主义政治力量。所以，一定要在前述两方面改革取得相当成绩以后，方可在民主政治发展方面迈出关键步伐。好在发展民主政治的措施包括许多内容，并非其中每一个措施都充满了风险。这些措施也可以按照实施结果的风险大小排序：（1）缩小公权范围，保护和扩大私人权利。（2）区别政务员和公务员，培育职业政治家（政务员）队伍，稳定公务员队伍。（3）全方位地建立预防和惩治官场、职场腐败的制度，采用多种技术手段提高反腐败工作的效率。（4）大力提高全社会的组织程度，广泛发展各类民间组织。（5）逐步发展有竞争性的选举制度。在本文所提及的各种改革中，此项改革最具有风险性。所有其他改革都可以为此项改革的推出逐步创造条件，这个过程乐观估计也需要20年左右。贸然突进这项改革，前述“改革不夭折、国家不分裂、社会不对抗、政权可持续”四项改革的底线将难以坚守。不去创造条件为这项改革建立基础，则改革是短视的、没有前景的。

心界两边的围墙

人们向往心灵的自由，其实，任何人心里都会筑起束缚心灵的围墙，只是不同的人有不同的围墙而已。

2008年初，英国的工程人员在英国女王位于苏格兰的官邸——圣路德宫的厨房地板底下发现了8具骷髅，经过考证，发现这些骷髅已有500年历史，应该是在女王官邸建成之前就葬下的。原来，这官邸建在了过去的一片墓地旁边。如何处理这些骷髅，有两种意见。英国王室有关人员建议，就不惊扰死者了，这8具骷髅仍葬回原处；女王官邸的厨师们有点不乐意，认为脚下有那么多死人骸骨，心里不自在。

英国法律并没有禁止王室把那些骸骨另藏他处，但王室人员似乎很会“讲政治”，不愿意扰民，即使对已经逝去的人。厨师不必“讲政治”，只要不触犯法律，自己心里怎么舒服，就怎么来。看起来，英国王室比厨师更不自由一些。

心里的围墙其实就是一些关于行为规则的意识。一种围墙是由法律筑造在人们心里的，另一种围墙则是意识形态作用的结果。对意识形态的领会，人们有所不同。社会精英会更有历史感和全局感。当然，社会精英并不等同于高官和富豪。有人官阶很高，财产很多，其“讲政治”的水平却很低，这也是经常可以看到的。

美国人也“讲政治”，其中关于种族或民族的政治就讲得很精细。在五六十年前，一般的美国人不惮于谈论种族，现在就不同了。一般情况下，大家都是美国人；在万不得已时，黑皮肤的人会被称为“非洲裔美国人”，黄皮肤的人，则可能被称为“亚洲裔美国人”。美国的社会精英会引导人们把美国看作一个超种族的人类共同体，要在社会上尽量消除种族或民族的符号。反观我们过去乃至现在的一些做法，不免让人觉得有了高下之分。我们的一些政策主张似乎唯恐人们忘记中国有几十个民族。

当然不敢说美国白人心里已经没有了种族歧视意识，但可以肯定，这种意识在逐渐淡化。美国的社会精英的努力是成功的。几年前我和美国南方某大学的一位黑人职员有一席谈话，很难忘记。他说他所在的大学里也有极少数的白人学生，大学里黑人管理人员对白人学生很好，甚至把一些好的就业岗位优先让给这些白人学生。显然，南方的黑人社会精英也持有一种社会和解的态度。2008年通过选举登上白宫宝座的奥巴马，也证明了美国人心里的种族歧视这堵墙正在坍塌。

有话说，人一半是天使，一半是魔鬼。如果离开了世间的利益纷争，人心里的魔鬼就可能有了活力；当人人心里一样荒芜时，善良的种子也有发芽的机会。换句话说，就是人心里的围墙并不是十分确定的。2009年在安徽阜阳走访时听到的一件事情让我深有感触。中共阜阳市颍泉区委书记张治安筑起了一座貌似美国“白宫”的建筑，他的创新一是圈了堵围墙，二是给白宫上面还加了一个美国国会大厦的穹顶。猜测他的心机，大概是想要议政合一，大权独揽。他还迫害举报他腐败罪行的干部。诸种恶行，招致他受到纪委部门的查处。纪委做工作，要用到“双规”这种手段。听当地干部说，张治安的父亲以为“双规”侵犯了儿子的“人权”，给联合国写了一封信，控告中国没有人权。据说他的这一举动对他儿子刑期的确定有了某种负面影响。张治安做事霸道，承袭了出自阜阳的安徽大贪官王怀忠的作风。当他处在权力巅峰时，心里的魔鬼在舞蹈；当他锒铛入狱时，当爹的感到了规矩的重要。张治安心里的围墙是邪恶的，而其父本来也是当地强势权力网上的重要节点，但却希望社会公正能成为儿子的护身符。这印证了大思想家罗尔斯的观点，当人们面对极不确定的社会环境时，宁愿选择比较公正的规则，哪怕这些人最容易将魔鬼安置在心里。我由此想到，人心里的围墙是现实关系的投影。

在伦敦，从唐宁街5号首相府到白金汉宫之间有一片园林地带，估计和北京的中南海加北海公园一般大小。这片地方没有围墙，唐宁街5号也没有围墙。白金汉宫是有围墙的；围墙大概是旧时代王权的一种象征。但白金汉宫的围墙只是局限在王室建筑的四周，范围并不很大，且有一些金属栏杆，不妨碍游人观赏里边的大体景观。王宫的仪仗队在宫外也有活动，可满足游人的观赏需要。因为王宫的包围和守护并不是戒备森严，所以不时有窃贼或好事之徒溜进王宫的消息见诸报端。英国王宫很显自律精神的围墙，似乎让英国人满意，没有听说什么人或什么团体要求拆除这堵围墙。但我相信，如果唐宁街5号也给自己添加一堵围墙，十有八九不会成功。这里有英国人很微妙的“建筑政治”：那片园林不能圈起来，首相府也不能圈起来，因为那涉及到了公共利益。但王宫可以圈起来，因为它大体象征了人们对旧时代的回忆。允许王室成员们在围墙里生活，不仅因为王室成员们的行为受英国法律的约束，而且他们大体还有比较强的自律精神。唐宁街5号拿什么做交换，让英国人同意他们圈起一堵围墙？好像拿不出什么来。

参悟北大校园里的一组雕塑

北京大学法学院楼的西侧有一组人物雕塑，两尊，相距数十米站立。一尊似中国古代人物，颜色灰，着棉袍，束发髻，微张口。满口剩一只牙齿，格外突出。棉袍将身体的中段裹得严严实实，无丝毫外露。另一尊雕塑为深褐色，体格巨大，孔武有力，全身裸露，无一丝披挂。面相看，此尊雕塑既非东方人，也非西方人，大概取了全球人类的共性。两尊雕塑对比，后者体量十倍于前者，而神态之差更在天壤之间：一阴郁，一阳刚；一猥琐自卑，一信心满怀。听北大一位教师讲，这组雕塑由北大经管学院安放，并非来自法学院。还说关于这组雕塑的寓意，北大有一个说法，但听起来十分勉强，我未能记得。

我把前一尊雕像称为"初人类"，把后一尊雕像称为"新人类"。依我私见，在社会意义上，初人类是在人类共同体中奴役别人和被别人奴役的那种人类，而新人类是在一个彰显人类自由、告别彼此奴役的全新共同体中的人类。

雕塑作者自然赋予了这组雕塑一定的用意，但作者不必说给人听，凭欣赏者自己意会也许更好。

这组雕塑反映了作者对人类发展前景的一种乐观心态。人类学家把人类历史推演到了300万年前。在这漫长的过程中，人类在大部分时期过着一种衣不蔽体、食不果腹的生活，人们能将自己包裹装饰起来的时间并不长，而这种包裹意味着人类已经向文明迈了一大步。但在当今世界，不同发展程度的各种人类共同体并存于同一时空，未见得其中任何一个共同体敢夸口说自己是真正强大的新人类。若每一个共同体内部存在奴役以及不同共同体之间存在奴役，即便多数人解决了衣食问题，也不敢说其进化成了新人类。校园里的新人类雕塑矗立在那里，那是作者寄托的对人类未来的美好憧憬。他不必锦衣玉翠，唯赤裸胴体方显人类之天生平等；他也无需托腮凝神，更不必武器加身，最自然的站姿足显其坦荡与包容。

两尊雕塑也表达了作者对中国历史演替的理解。对中国历史，当然不可妄自菲薄。两千多年的集权政治也不是一无是处，当今中国的大市场带来的规模经济与专业化，多少与大一统的政治文化有关。但是，我们自己的面目的确有狰狞可憎的那一面。那个初人类雕塑，可能是鲁迅先生笔下的阿Q，或赵老爷，也可能是《废都》里的腐朽文人，抑或是当今违法强拆民房的酷吏、恶棍。在新人类伟岸身躯的映衬下，那个初人类显得猥琐不堪、容颜枯槁，但远非行将就木。他是一个存在，大概不会自觉拱手告别历史舞台。

校园里的这两尊雕塑没有紧紧摆放在一起，一个在这头，一个在那头。是的，需要这样一个距离。在现实中，这个距离可能是几十年，也可能是几百年。两尊雕塑也没有形成对垒之势。那个初人类目光散淡地盯着脚下，而那个新人类目视前方，没有憎恨，也不显急躁，充其量有点悲天悯人。这种对阵也许是我自己心理世界的投影，但愿雕塑作者不反感我的理解。

两尊雕塑之间的空地很平坦，而我也的确不希望现实中新旧交替的历史时空充满刀光剑影。从五四运动开始，或者再早一点，从鸦片战争开始，中国一大批社会政治文化精英觉悟了，开始在初人类与新人类之间的历史过渡带跋涉，而真正走出决定性一步的，是过去的几十年。此前的路程并非毫无意义。尽管我们磕磕绊绊，欲行且止，付出血的代价，却也收获了对未来的希望。不必过分抱怨，以为变革的进程太慢。若将全部人类历史看作一天光景，改革30年在一天里大概不到两秒钟。也许我们还需要两秒钟。但我又想，这种折算有点冷血，超脱到银河系以外了。

过分超脱是犬儒主义，是对牺牲者的不敬。这几十年改革，有那么多的集团获得了巨大利益，它们该给历史回报些什么。拥有话语权的精英们齐声说要搞“增量改革”，就是说，继续改下去也不会从既得利益者的碗里分出些肉食给那些获利少的集团成员，而后者以自己的默然接受这种现实，前者总该有些良心发现才对。其实，前者要做的，只是些微的让步而已。后者只要一点一点增长的自由，好让他们有更大的空间去做更大的创新，以便把我们这个民族躯体更强有力地支撑起来。所幸这不是天方夜谭，而是可观察到的现实。这让我这样的乐观主义者能够信心满怀。

需要对北大校园里的那个初人类雕塑有点怜悯之心。要让他一步一步走起来，脱掉他的棉袍，渐渐地强筋健骨，最终脱胎换骨。太急了不行。那段朝向新人类的路程，一步跨不过去，需要分很多步去走。记得幼时常听的长辈们的一句老话，叫做“不怕慢，就怕站”，我们对改革的要求就是如此。

再过30年，也许北大的校园管理者征得雕塑作者的同意，会把那尊初人类雕塑挪个位置，放到新人类雕塑的背后，让他仅仅对历史记忆的搜寻者才具有意义。盼愿望成真。

信息技术究竟会颠覆什么？

信息技术革命在我国发生已经有一些年头了，但它的社会影响似乎最近才引起大众的关注。大众一旦关注一件事情，就会有很多说法。前些日子，关于“网络通缉令”的是与非就引起了一番热议。每逢这种时候，我自己倒是很想听听相关领域专家的意见。关于信息技术的意义，我有幸听到了北京邮电大学阚凯力教授的一些系统性的看法。他并没有对“网络通缉令”说什么，但他的看法可能帮助我们更深入地把握信息技术革命的意义。

我们至少可以有这样的判断：信息技术革命不会颠覆社会权威，但这个革命对社会权威的运行方式将产生巨大影响。

某地发生了“虐猫事件”，于是，有人发布了“网络通缉令”，这个通缉令果然神通，仅6天时间就锁定了踩猫者、光碟的拍摄人和被怀疑的幕后策划者，当事人也受到了所在单位的处分，并公开向网民检讨认错。这件事情引起人们的遐想：“‘网络通缉令’虽然不同于公安机关发布的通缉令，没有法律效力，然而利用网络传递信息的飞快速度，凭着网民对不平、不公事情的义愤和对受害者的同情，它发挥着不逊于公安机关的‘通缉令’的效果，一些问题通过网络渠道得到了更快的解决，对现实产生了影响。”人们不免进一步想：因为信息技术革命的深入，会不会产生替代传统权威的新的权威？例如，网络的“虚拟”世界会不会也产生权威，并替代或部分地替代国家的权威？说到底，如果没有这样的问题，人们也不会对“网络通缉令”的出现有那么大的兴趣。

但在我看来，信息技术革命的深入不仅不会替代国家的权威，反而会加强国家的权威，使国家权威运行更加合理和有效。

国家的产生说到底也是一种技术的变化，只不过是社会技术的变化。一切技术的根本的意义在于它促进了人类的专业化分工，提高了人类社会整体福利水平。信息技术革命也是这样。阚凯力教授说得好：“信息产品区别于农产品和工业品的最大特点，就是它的创造是有成本的，而它的复制和传播是没有成本的，在网络时代尤其如此。”至少，信息的复制和传播在新技术革命条件下的成本是非常低廉的。阚凯力教授认为，当无线上网技术（VoIP＋Wi-Fi/WiMAX）普及以后，通讯的边际成本几乎为零，经过资源整合，移动运营商（如中国的“移动”与“联通”等）将走向消亡，通讯的网络平台将成为典型的公共物品，不得不由国家控制，大众通讯将进入免费时代。阚凯力教授还说，在这样一个时代，新的信息产品使用便能叫做“Of the people，by the people，for the people”（归于大众，依靠大众，为大众服务）。看来，借助信息技术革命，大众自然可以得到好处，而国家则获得了新的技术资源；如果国家能够利用好这种新资源，也不啻是大众的福利。

我们该注意到，大众对“网络通缉令”真正感兴趣，是因为它可能真的通缉了违法的人。如果有人滥用了这个工具，大众对它就不会有兴趣了，相反还会谴责它。鉴于这个工具的使用成本很低，滥用它的可能性是存在的。但是，公众在一件事情上总要认同一个统一的权威，认同权威本来就是降低社会交易成本的手段。如果国家执法机构是人们可信赖的权威机构，并且这个权威机构也能利用信息技术作为执法的手段，人们便很难认同网民的自发行为，网络权威也就失去了基础。

当然，道德调节和法律调节之间存在一个灰色地带，那么，道德调节是不是会给网络权威的建立留下空间？会不会产生“网络通缉令”存在的必要性？我看还是不能这样认为，尽管这个问题很是严峻。所谓道德作用是通过感受耻辱的压力来调节人们行为的方式的，这种作用的范围是熟人社会。如果突破熟人社会，调节人们行为的工具还是交给法律为好。道德调节的作用若保留在熟人社会，可以给失德者留下反省的机会，允许他进入其他社会圈子改过自新。这也是社会和谐的一种软机制。

但是，信息技术革命的确给人们行为的调节提出了挑战，需要人们进一步审定法律调节和道德调节的边界。我的考虑是可以把网络空间界定为个人隐私被公开的空间，同时，可以认定，凡是法律不禁止的行为和不要求公开的信息均属个人隐私；如果有人在网络上公布这种信息，就属于侵犯个人隐私。例如，法律不禁止婚外恋，尽管传统道德会谴责婚外恋，如果有人在网络上披露某人的婚外恋行为，就属于侵犯个人隐私。法律禁止知识和艺术创造中的剽窃行为，有人在网络上披露剽窃行为不属于侵犯个人隐私，但披露者要对信息的准确性承担法律责任。“虐猫事件”中的信息披露也属于这种情况，因为许多国家有法律禁止虐待动物。有了类似这样的规定，就不至于把道德谴责推及不适当的范围，以约束人们在网络上披露信息的行为。同时，我们还能继续保持政府维护法律的权威性，保障社会治理中的合理分工，提高社会治理的效率。

在特殊情况下，公众人物的隐私保护权应受到限制，例如，公众人物的婚外恋行为如果被披露，只要信息是准确的，披露者可以不承担法律责任。但公众人物也应该被定义。以我之见，可以把公众人物定义为凭借其在公众中的社会影响已经或可以在未来获取丰厚收入的人。此外，在政府方面，除非法律禁止披露的信息，其他一切信息若被网络披露，也属正当行为。如果不能证明为恶意捏造，在披露政府行为时有不准确的情况，也应免除法律责任。

正如阚凯力教授的乐观预测，信息技术革命还有种种好处。因为信息复制和传播的成本显著降低，传统的政府权威可以更好地了解民意，鲁莽的事情就可以少做一些。在推行民主政治过程中，信息技术也使选举和监督成本大大降低，能够提高民主政治的效率。

信息技术还可以提高社会稳定的程度，减少突发事件爆发的可能性。网络上没有暴动。人们可能在网络上发牢骚，甚至也不排除有人通过网络进行有组织的反对传统权威的活动。不论什么情况发生，网络是公开的，公众的一切活动无法隐蔽。有了网络，人们的抱怨或不满情绪可以得到缓和释放，传统权威方面也可以未雨绸缪，通过有序的工作来化解公众情绪，而不致于因为信息不通，把小事变成大事。所以说，信息技术本身不会颠覆什么，相反，它倒可以为社会建立一种妥协对话机制提供一种好的技术手段。如果硬要说信息技术革命会颠覆什么，那么，它所能颠覆的只能是官僚主义和各种不民主的施政方式。自然，这也是一个缓慢的过程。

消息如何变成谣言

人们常说，谣言止于智者，仔细揣摩这句话，我认为也不尽然。窃以为自己算是智者，却也常常受谣言之苦，并感到谣言防不胜防。有两件事印象深刻。

2006年安徽某地发生了一起“群体性事件”，地方动用了法律手段解决问题，几个农民被判了刑。在二审时，我受同事之邀，到那里旁听审判。先前已经听到了一些来自当地“农民领袖”的话，说乡里的干部如何对农民下手，而农民又如何在手无寸铁情况之下受了皮肉之苦。更糟糕的是，农民最后还要领受牢狱之灾。

受习惯思维的支配，我开始相信了“农民领袖”的话。农民属于“弱势阶层”，只要他们和乡镇干部发生冲突，一定是农民吃亏，人们一般会这样想。但我到了那里后，仔细和几位当事农民了解了情况，发现事情并不完全是“农民领袖”讲的那样。一位农民，他家里也有人因这个事情进了监狱，告诉了我当时的情形。他说，当时情形很乱，村里的农民也在动手打人。有官方人员穿了便衣，农民不认识他们，就打了他们。乡里的财产也有损失。看这个当事农民老实巴交的样子，且他又是“受害者”，我拿他的话和“农民领袖”的话比较，宁愿相信农民的话更真实，也就是说，那“农民领袖”骗了我。然而，在一定范围里所传播的是“农民领袖”的话，而不是那位农民的话，也就是说，传播的是经过捏造的东西，近乎谣言。

后来进一步了解到事情的原委。有一家杂志在那里发展通讯员，农民只要订一年杂志就可以成为通讯员，这样就在那个村里发展了几十个通讯员，个别家里甚至有两个。那年，杂志的某一期发表了一篇关于农民维权的文章，而压题照片是几位农民席地而坐，每人旁边放着一根棒子。有人据此对农民说，可以用棒子来维护农民权利，并鼓动村里农民做了若干棒子。进一步，又有人鼓动农民手持棒子到乡政府去索要办公室，成立杂志通讯员工作站。冲突就这样发生了。后来便是好几位农民进了班房。我感到难过的是，那鼓动者在外面自由自在，受罚的是被抓了“现行”的好几个农民。

这件事情多少让我感觉受伤，此后我对哪里发生“农民群体性事件”的消息心存警惕，不敢轻易相信，更不敢听“农民领袖”单方面放出的话。偶尔听到有人诉说农民方面的冤屈，我常常劝当事人找法院解决问题。我也承认，在目前的社会条件下，如果发生某些冲突，农民被冤枉的可能性要大一些，但我们决不可在具体事件上凭这个“可能性”而简单地作出判断。如果社会上多数人习惯于先入为主地判定某些事情的是非曲折，消息就必然被“过滤”成谣言；如果有别有用心的“领袖”刻意歪曲事实，谣言就会泛滥成灾，生出很多危险来。中外历史上都有过别有用心的人大规模地利用谣言来祸害社会的例证。

另一件事情也令我惊怵。2007年，一名高官被纪检部门“双规”，他的“腐败”行径成了人们饭桌上的谈资。有人说纪检人员从他家里发现巨额现金，还多是美元；还有人说他有十几个情人，生活十分糜烂。人们又是惊愕，又是唏嘘，感慨这样一名有前途的学者型高官何以如此糊涂，又感慨人心不古，腐败已经渗透到了社会的骨髓。传言者多是熟人，说起来有板有眼，加上我的先入为主，就深信不疑了。可后来法院判决下来，方知这名高官只不过犯了重婚罪。再后来听很了解他的人讲，他的重婚罪也犯得“有情有义”，以至对他的处置让有关方面犯难。我完全不认识这名高官，不敢说后来听到的就百分之百可靠，但敢于认定早些时候听到的多是谣言。

我有轻信的毛病，这两件事情便成了治疗我轻信的两剂猛药。

社会上要消除谣言是不可能的，人们本不必为谣言担惊受怕，但如果一个社会有了系统的谣言增强机制，并由这种机制不断扩大社会的裂痕，我们就要警惕了。在扩散中被增强的谣言在社会上是有选择的，而决定选择的因素是人们的具体生活中的感受。如果人们感受到农民在与政府的关系中的确容易受到利益侵害，就容易听信冲突事件中有利于农民的传言；同样地，如果许多人亲自观察到腐败的存在，也就容易在反腐败案件中听信不利于官员的传言。更深入地看，如果人们时刻感受到政治这个东西在影响自己的命运，并体会到它的某种异己性质，也就要关心政治，并容易把自己听到的政治谣言转述于他人。这就是一种谣言的增强机制。

如果上面的道理能够成立，我们就能找到治理谣言泛滥的办法。显然，单单靠“主旋律”宣传是不够的，因为它不仅不能瓦解谣言增强机制，反倒让人有了某种此地无银三百两的疑惑。应该在改变人的生活感受上下工夫。2006年取消了农业税，如果再接再厉，能在农村土地关系上做一个大的调整，我相信关于农民维权的谣言就不容易流传了。腐败不是不可治，即使保持基础制度不变，腐败也有办法遏制。民主制度建设上的步伐稍微再快一点，治理腐败的效果会更好。如果再有一套行之有效的信息公开办法，增强政府信息的公信力，谣言传播的空间就更小了。总之，解决谣言漫天飞的问题不难，关键是要从制度建设上下工夫。

以奥林匹克精神拥抱世界

2008年8月8日，这将是一个记载中国人以顽强拼搏精神迈向新世纪的光辉日子。从1991年开始，中国政府两次向国际奥委会提出申请举办奥运会，向世界表明中国人民有资格、有能力承接世界重大体育赛事。经过8年努力，2008年，以北京为代表的多个中国城市向国际奥委会履行了中国政府的承诺，奥运会举办的各种条件已经具备，中国正伸开自己的双臂迎接世界体育健儿来到这里共度巅峰时刻。

中国政府举办奥运会不仅仅是要向世界证明自己的能力，展示自己的物质繁荣，更是要向世界敞开胸怀，拥抱世界文明，让自己努力成为以世界文明基本准则自律的先进国家的典范。事实上，这场世界体育盛会只是中国对外开放的一系列大手笔中的一个环节。30年来，中国人民顽强地奔向现代化，顽强地融入世界文明的洪流之中，借助一切机遇刷新自己的历史页面。奥运盛事给了中国一个机遇，世界民族之林得到了一朵绽放的文明之花。

“同一个世界，同一个梦想”，中国提出的2008年奥运口号体现了中国对奥林匹克精神的独特的也是深刻的理解。在奥运赛场上，运动员们要竞争，观众要为自己国家的运动员加油，政府要对获得奖牌的运动员给予物质奖励，各国人民也以自己国家获得的奖牌数量多而荣耀。但是，奥运会在自己的历史上以竞技比赛为依托逐渐铸造了伟大的奥林匹克精神，这就是宽容、勇敢、公正、开放与和平。这种奥林匹克精神把不同的体育队伍和不同的国家凝聚成一个整体，一个追求人类和平与繁荣的共同世界。

奥林匹克精神的产生是世界各国仁人志士共同奋斗的结果。在奥运比赛的历史上，总有人试图通过弄虚作假来提高比赛成绩，玷污奥林匹克的公正精神；总有人把政治纷争强加在运动员的头上，践踏奥林匹克的民间自主原则；总有人掀起极端民族主义的浊浪，破坏奥林匹克倡导的和平精神。多年来，国际奥委会领导人和各国进步政治家与这种违背奥林匹克精神的消极现象进行了顽强斗争，使奥林匹克精神越来越为国际社会所认同，奥林匹克精神事实上已经成为国际公共行为的重要准则。奥林匹克精神在干扰中得到升华，并日益显现自己为人类进步文明作出贡献的巨大能量。

实践证明，国际奥委会反对将奥运政治化是完全正确的。在世界上，各国的经济发展和政治发展很不平衡，要扭转这种不平衡还需要各国政治家作出长期努力。通过国际重大体育赛事促进国际间的交流，促进各国对外开放，是这种努力的重要组成部分。经济强国应该以宽容的态度对待发展中国家的某些不足，通过更积极的国际行动促进落后国家加快发展速度。2008年由中国来举办奥运会，代表了第三世界国家实现经济崛起和政治文明的一种巨大努力，各发达国家应该乐观其成，积极给予支持。在这个意义上说，奥运也是一种政治，是一种体现宽容、进步和文明的政治。对于第三世界国家，有理由拥抱这种政治，将奥林匹克精神化作一种加快改革开放的动力。

中国人热切盼望奥运，体现了对奥林匹克精神的追求。自从开始筹办奥运会以来，我们经受了各种风风雨雨，领教了许许多多不切实际的指责。但我们更多地得到了善意的帮助和真诚的建议。中国政府以大国的包容胸怀对待各种批评，接受各种善意的帮助，按照自己对国际社会的承诺，通过艰苦的工作，完成了全部奥运筹备工作。中国的努力得到了世界的充分认可，也赢得了国际奥委会的真诚褒奖。无论反对我们的力量还会做出什么有悖公理的事情，都将无损于中国人民对奥林匹克精神的追求，无损于中国在弘扬奥林匹克精神方面已经取得的巨大成功。

经过多年筹备奥运会的努力，奥林匹克精神的确对中国社会产生了潜移默化的积极影响，平安奥运、开放奥运、健康奥运、文明奥运的理念已经深入人心。保障运动员和观众的安全是成功举办奥运赛事的底线，中国政府为此作出的巨大努力应该得到理解和支持。但是，办成一个真正成功的奥运会更为重要的是坚持开放奥运、健康奥运和文明奥运理念。我们相信，中国政府和中国人民一定会在各项基本奥运理念之间找到平衡，收获一届历史上最成功的奥运会。

2008年奥运会早已在中国落下帷幕，但奥林匹克精神将在中国永存。中国的进步、中国体育事业的繁荣，需要奥林匹克精神继续滋养。中国是一个大国，但还不是一个体育强国。中国不会因为举办了一场奥运赛事而使自己骤然间成为一个体育强国。我们需要继续发展经济，增强国力，为体育事业发展奠定强大的物质基础，为中国人民拥有健康体魄创造物质条件。我们需要大力改善劳动关系，让中国劳动者除去劳动以外还有更多的休闲健身时间，使体育事业成为全民的需求。我们需要改革教育体制和教育理念，让中国孩子不再受应试教育的摧残，让他们玩儿起来，在他们中间成长起一批又一批未来的奥运健儿。我们需要改进社会关系，发展民主政治，让民间社会有更多的自治空间，以活跃民间的创造力，使中国体育不再完全是官办体育、精英体育，使中国人越来越心智纯美、体格健壮，真正成为支撑社会主义强国的一代新人。

专业化的精彩

2010年"两会"结束前，按惯例举办了由温家宝总理出席的新闻发布会。这次发布会的一个小亮点，是译员对总理答问的高水平翻译。总理一如既往，在答问中多次引用了中国古文章句，而译员的翻译流畅始终。会后出现的评论，对译员的工作赞赏有加。但我们也听到一些猜测，说译员也许事先有了总理答问的副本，以至有精彩翻译。

其实，和过去比，当代世界就是一个异彩纷呈的世界，我们不必怀疑它的真实性。世界之所以精彩，在于我们进入了一个专业化的时代。业精于专攻，一个人专注于一件事情，就可能把这件事情做到炉火纯青的地步。一个人有平常的智慧，若认真在一所好的大学里接受四年教育，再到专业岗位上磨炼若干年，那么就会把工作做得很有样子。一个学英文翻译的专业人士，熟读一些中国古典文献，知道了它的释义，并把它翻译过来，通过努力也应该是可以做到的。

近代工业革命之前，只有很少人卷入专业化分工，由专业化产生的精彩也只由少数人领受。工业革命使绝大多数人进入了分工体系，精彩成了惯例，失去了自己的色彩，人们便对它熟视无睹了。当今时代，最受人们忽视的事实，是一个种粮的农民生产的粮食，可以供上万人食用。平均来说，专业化程度高的国家，一个农民提供的食品也可满足上百人的需求。因为有了这种成绩，才会有好莱坞的奥斯卡颁奖盛典，也才会有古甲骨文字研究者的衣食无忧。

专业化社会的另一个精彩，是它有内生的社会稳定机制。专业化导致人们之间的高度依赖，且这种依赖在技术上具有平等性，差异只表现为获取一定技术的难度。因难度上的差异，人们有可能接受收入差异的现实；又因专业化协作的不可分性，人们必须互相配合、互相尊重。这就使一个社会的差异性和平等性要求得到统一。低收入者不一定要向高收入者造反，而高收入者也别想离开低收入者独立生存，他们必须尊重低收入者。有了这种机制，一个和谐社会就大抵有了基础。社会的组织程度提高了，组织的领袖们也就不致于过于激进，社会的谈判妥协机制也就容易形成。

既然专业化社会有这诸多好处，何不让我们这个世界都一并变为一个专业化的世界？其实，专业化现象本身并不容易被创造出来。这些年，我们这个星球上较多发生局部战争的地方，基本上都是严重缺乏社会分工的国家或地区。这些地区几乎还处于部落社会状态，大部分居民过着自然经济生活，贵族们则多凭借暴力掠夺控制资源，通过国际市场换取别国的专业化制造物品。一个没有专业化的社会，存在双重恐怖。在小型自然经济共同体的内部，是无时不在的强势人物对弱者的全面控制；跨出小型共同体，则是武装军阀对弱势部落的掠夺。一旦现代性因素开始渗入这类社会，它们多来不及改造自己的结构，以适应现代性因素的要求，更残酷的掠夺乃至延绵不断的战争便拉开了序幕。这些国家或地区为什么就不能走向专业化社会？笼统地说，是它们的火候还未到。把现代性因素过早地引入一个毫无专业化土壤的国家或地区，有可能把这个国家或地区拖入更残暴的专制统治和无休止的内战泥淖中。

专业化社会的建立，最好从市场关系对社会的渗透开始；这是专业化社会形成的第一要义。市场交易和专业化之间相互影响、相互促进，自然经济就会缓慢解体。如果有了识趣、睿智的政治家，在经济变革的基础上推动政治改革，一个全面的专业化社会就会形成。若这个过程在一个民族能平稳实现，那是这个民族的造化。好的政治家不会到处都有。

一个专业化社会要生机盎然，必须有一种尊重偏才的机制，让人们的兴趣主导人们的职业选择。被称为偏才的那些人，别的事情做不好，或做起来乏味，但可以把想做的事情做得非常出色。若一个社会千分之一的人口是偏才，几亿人口中存在几十万偏才，这个社会在细微的分工体系中就会有一大批科技领袖，科技创造就会风生水起。社会的教育体制和人才遴选体制要给偏才的生存和发展提供机会，切不可用固定的教育模式挤压偏才成长的空间。

专业化社会要良好运行，政治也要讲专业化。在小的社区有小政治，公共服务内容比较简单，公务人员可以兼职。在全社会范围里必须有政治分工，政治家要职业化，不可把公务岗位看作一种荣誉，更不可把工程技术偏才和其他艺术偏才硬塞到公共服务岗位上。如果硬要这样做，很可能在政坛上多了笑料，而在其他专业领域少了精彩。

总有些事情不能似是而非

世间总有些复杂事情，人们不容易看明白。这本来没什么，但糟糕的是人们会不懂装懂，甚至还会指鹿为马、颠倒是非。不过，这还不很要紧，最为可怕的是人们联合起来共同陶醉于似是而非的见识当中，把最应该“整”明白的事情给结结实实地“整”糊涂了。

有些无关痛痒的事情“整”糊涂了也罢。话说美国有一位著名登山家，有人问他为什么要如此费力地冒险登山，他回答说，因为山在那里。嘿，这个回答相当脍炙人口。人们以为这是最好、最美妙的回答。其实，这是典型的似是而非的回答。但人们愿意欣赏这种东西。中国人和西方人都有类似不求甚解、喜欢打哑谜、斗机锋的毛病，但只要无碍大局，这种毛病可能显得很可爱；人们愿意从荒唐中发现趣味和智慧。伊索寓言也是一种以不求甚解的态度对事物做判断的典型，作者喜欢以比喻对复杂的问题给出答案。中国现时当红作家也喜欢用这种手法来表达自己的主张，以心灵鸡汤浇灌浅薄的大众智慧。中国人在这方面比起古希腊人来更有炉火纯青的境界。但这都不要紧，这种文化繁荣总还有一点对事物质疑的好处。

但有些事情不可以这样。如果西方人的文艺复兴就是反复咀嚼伊索寓言，那就没有人类的今天。教义说男人的肋骨比女人少一根，亚里士多德说男人和女人的牙齿数不一样，大众可以相信，但总有人不相信，他们用解剖刀向大众交代了真相。当西方人的解剖刀精神成为社会精英的主导精神时，我们还在欣赏《易经》或《易经》的变种。这是麻烦所在。

但是，要让理性占上风似乎是一件难事。人们由于智力水平、知识水平以及利益关系的约束，在重大问题上要取得大体一致的意见很不容易。根据历史经验，在这几种情况下，理性在社会上占上风也是可能的：一种情况是社会经过重大危机以后，人们基于共同利益诉求，会产生比较理性的关于公共问题的意见。如1981年，中共十一届六中全会发布了《关于建国以来若干重要历史问题的决议》，就是经过“文化大危机”以后产生的共识。这个重要文件概括了中共建党的历史经验，特别批评了新中国成立以后的许多荒唐做法，体现了相当高的理性思维水准。第二种是社会在比较自由的情况下，由竞争确立了正确意见的主流地位。特别是在公共领域或政治市场上如果有比较充分的竞争，理性的意见凭借其积极的社会效果可能占上风。第三种情况则是由有思想修养的社会精英阶层凭借自己的信念确保社会公共事务不至于过度偏离理性的轨道。以上三种情况，第一种是极不确定的，第二种需要稳定的制度作保障，第三种则要求社会发育有相当的成熟度。不难理解，这三种情况的产生对我们来说都不容易。

那些喜欢似是而非地思考问题的人，其实在偷懒。懒汉式的思维包括对“辩证法”的滥用。我们常听到的那些辩证法的范式其实跟真正的马克思的辩证法（来自黑格尔）没有丝毫共同之处。马克思的辩证法要求人们全面地看问题，而我们的一些人可能把它当作懒汉思维的遮羞布；马克思既讲主张，又讲逻辑，我们的一些人只讲主张，不讲逻辑。在我们这里，最受挚爱的一个思维法则叫做“坏事变好事”。把这个法则推演到极端，就好像世界上没有坏事了，一切坏事都可以被原谅了。其实，我们只有把坏事的坏处讲透，才能做出好事来。对一切历史的评价，都应该有这种态度。

中国的巨大进步，和过去30年有关，也和过去60年有关，甚至与以往3000年的历史也不无关系。这些历史联系都要仔细地“整”明白，至少中国的社会精英阶层要“整”明白。不要将坏事和好事装在一个篮子里供奉起来。正如邓小平所说，社会发展以后产生的问题似乎比不发展还要多。如果继续似是而非地对待过去的历史，我们的麻烦就大了。

思绪纷飞悼定剑

蔡定剑教授不幸离世，应该是2010年中国的重要新闻事件之一。

早就知道他有病，但没想到他病重，更没想到他这么快就离去。先是从网上看到消息，又有朋友说消息不真，便盼着他真的没事。后接到治丧委员会的电话，才知道噩耗为真。心里难过，为他，也为和他心有相通的仁人志士。

我和定剑教授交往并不密切。早先是在媒体上看到他的大名，后来在一些会议场合见到他。听他讲话，发现他是很善良的人。他讲话不是那种恣肆汪洋的风格，更不剑走偏锋，语不惊人死不休。听得出他是见过世面的人，说话不紧不慢，娓娓道来，透出一种自信。他讲话信息量大，引人入胜，我感觉大家都喜欢听他讲。

通过一次会议我对他有了更多的了解。他是会议的发起人、主持人。时间是2008年12月27日。会后揣摩，他对这个会很用心。参加会议的有王贵秀、毛寿龙、张鸣、汪玉凯、吴思、展江、于建嵘、赵树凯、任剑涛、袁绪程、高放、吴家祥等20余人。来参加他组织的会议，至少说明大家对他以往所做的工作有认同，但我认为不止如此。

会议的主题我记得大概是谈过去的政治体制改革和法制建设，做点反思，估测未来。与会者的共同之处是比较理性，但又各有思想语言风格。大家都敞开心扉讲话，很投入，很认真。记得定剑在会上听得很多，说得少。看他精力已不是很充沛，我也没太在意，以为过半百之人，治学过于投入，自然不会活力奔放。现在想来，当时他可能已有病魔在身。

这次会后，他的助手有过电话，说要编辑出版一个集子，好像和会议内容有关。后来怎么样，我已不大记得。以往参加很多会议，大多过后就忘得干净，但对这次会议的感受总留在心里。

定剑教授最后有一个发言，不很长。他主张政治体制改革必须继续放权，主要是：中央给地方放权；加强全国人大常委会的地位，修改选举办法；扩大基层民主，支持NGO大力发展。他还评价了过去的改革，认为有成绩，有曲折，有不足。因为他在全国人大工作过很长时间，掌握的情况比较多，对改革的复杂性认识比较到位，所谈内容便比较实在。总体看，他赞成渐进改革。

如果定剑继续健康地活着，相信他还会做很多有意义的工作，可偏偏天妒英才，让他早早离开大家。中国知识界，像他这样治学勤勉，又有很好平衡感的学者，并不是太多。他的逝世，的确是中国知识界的一个损失。

这几年，时不时听人讲，说中国知识界人士的平均寿命要小于全社会的平均寿命。因为这个说法好像不是来自专业统计调查机构，便不敢完全相信，但定剑教授的逝去却又让人不得不关注知识界人士的健康问题。

实话说，知识界人士的营养水平不会有太大问题，让人担忧的也许是他们的焦虑和劳累。

按说定剑不会对中国改革过于焦虑。主张渐进改革，就不会对改革的快慢过于忧心。因为这种主张不是出于无奈，而是出于得失算计的理性思考。在前面提到的会议上，我也提出渐进改革必要性的几个看法。中国民主政治发展要有大的进展，需要几个条件：一是国民比较富裕，社会比较平等，耐用消费品基本普及，由此降低政治极端人士的比例；二是“熟人社会”基本解体，社会高度专业化，由此可以免除黑党政治；三是民众的文化差异缩小，由此可以免除国家分裂；四是社会经济生活的多元化程度提高，没有哪一个利益集团能对国家政治天平发生过大的影响，由此保持政治平衡和社会活力，使权力转让不至于摩擦过大。中国要具备这些条件，需要一个过程；且在现行政治框架下，这些条件事实上也可以生长，除非基本不去改革。所以，无论一个学者有多么强的入世意识，只要有这样的认识，也就不会对时局过于焦虑。当然，若入世意识极强，且又感到报国无门，那是注定要焦虑的，时间长了就影响健康。但定剑从一个不大不小的官位上退到大学当教授，想必不会有太强烈的入世追求。

与定剑教授没有深交，对他的生活方式不了解，但若做揣测，窃以为他在治学读书上是拼上了身体的。见过周围得肝病的熟人，也有不少能撑很多年的，但他却熬不过去。治丧委员会发布的定剑教授的生平介绍说，他在患病期间还坚持工作，每天只睡五六个小时。他积劳成疾，确实无疑。

在定剑告别仪式上与熟人相遇，对视无语，但心中的哀痛却写在脸上。也许换个场合，朋友们会互道珍重，但过后谁又肯稍有懈怠，不去努力做更多的事情？

蔡定剑教授对未来中国政治构想的蓝图总会实现。在那一天，至少中国社会的公共领域会高度职业化，思想家变成少数，有志于政治的人士或者做咨询专家，或者自己披挂上阵，试试政治生活的水浅水深。有这样一个政治生态环境，也许知识界人士的焦虑就会少许多，辛苦也会与乐趣相伴。但愿蔡定剑教授的早逝是为这一天的早日到来所做的牺牲。

大道青天　壮志未酬

——悼念杨小凯先生

不敢相信杨小凯先生逝世的噩耗，但消息来自文贯中那里，由不得我不信。接着，一些网站也有了消息，这消息使中国经济学者们陷于悲伤之中。我与他素昧平生，但却是他的热情读者、他的崇拜者。

杨小凯先生是世界经济学界的猛士，是华人经济学界的英雄。英雄早逝，在他后头行进的人们不免伤痛。我想起李白在《行路难》中写下的诗句："大道如青天，我独不得出。"这种英雄当世、壮志未酬的慨叹，不属于我们这些惟日孜孜的庸者，只属于李白；在今天，也属于杨小凯。

经济学大智慧

记得约六七年前，杨小凯说他的理论框架可能在20年之内成为大学讲坛的主流。我听到这个话深感振奋，虽然我知道这个目标的实现不仅取决于杨小凯的才干，还取决于经济学发展所提供的机遇。如果他的预言成为现实，那绝不是一个诺贝尔经济学奖能够褒奖他的。经济学大约每隔几十年就会出现一个或几个大师级的人物（如斯密和李嘉图，穆勒、杰文斯和马歇尔，凯恩斯和哈耶克，萨缪尔森和弗里德曼等），如果在新的经济学创新周期中，杨小凯他们的"新兴古典经济学"能够被已经显得保守的经济学界广泛接受，那他将获得不可撼动的经济学乃至人类科学史上的大师地位。我相信，如果不是疾病夺走他的生命，他应该在经济学的巅峰面前继续攀登，取得更辉煌的成绩。当然，他现在已经获得的声誉也足以使他跻身最有成就的经济学家的队伍。

也许近几年因为疾病缠身，杨小凯先生的精力已经不如从前，他似乎更多地做了一些中国问题的评论工作，而把他的理论经济学研究停顿了下来。但他的杰出工作已经引起经济学界的广泛注意，当然也引起了一些争议。记得张五常先生曾经对杨小凯的工作表达过一种保守的评价，大概这种评价传到了杨小凯的耳朵里，杨小凯很快表示了一种谦虚的态度，还把自己的工作的重要性排在了新制度经济学之后。可是，在他的《经济学——新兴古典与新古典框架》这本中文教科书里，他又十分自信，预期他的框架会替代现有的主流经济学，尽管他再没有提供这种替代的时间表。

我们有理由把杨小凯的工作与经济学大师们相比。马歇尔做了亚当·斯密理论的形式化的工作，杨小凯的工作与他的工作相类似。马歇尔把斯密工作中的一部分——价格理论——形式化了，后人又做了大量补充。现在看来，这部分理论是较容易形式化的部分。斯密工作的另一部分——关于分工可以降低资源稀缺性并提高国家财富拥有水平的核心思想——在数学上一直没有被形式化，因为马歇尔的时代还缺乏成熟的数学知识，后人也没有再突破他的基本框架。杨小凯抓住了机遇，他试图把斯密的这部分工作形式化，并把它和斯密的其他工作统一起来。

杨小凯的著作摆在我们面前，让人们容易拿他与马歇尔相比，这是激动人心的。但仔细想想，有几个道理或事实，让我们不得不在这种比较中十分慎重。第一，马歇尔（实际上还有不幸早逝的杰文斯）的工作是开创性的，因为在他之前的经济学家还不懂得形式化斯密理论的办法。由于他的工作，一个新的经济学时代到来了，数学被广泛运用于经济学研究中，经济学的知识积累变得十分迅速。杨小凯也是在马歇尔天才的普照之光下工作的。第二，经济学家在评价文献重要性的时候，常常容易用工作的难度来作为文献意义大小的标准之一，那么，从这个角度看，杨小凯的工作可能还不足以被人认为达到超群绝伦、令世人望尘莫及的高度。在萨缪尔森之后，经济学引入了大量数学知识来处理一些新发展的经济学思想（如信息理论、决策理论等），其难度也是很大的。这种引入不是简单的形式化，而是通过数学的引入使经济学思想更加丰富。我们很难判断杨小凯的工作难度是否比当代其他一些重要经济学家的工作难度更大。有的重要经济学家的意见值得我们重视。例如，米尔格罗姆更强调研究资本积累、交易费用和市场环境的价值，而不是专业化问题。第三，以马歇尔为代表的经济学的数学形式，在逻辑上的自洽性达到了一种十分完美的程度（反过来说，缺陷也十分突出），使它变得十分容易传播，这是它占领大学讲坛的重要原因。也许杨小凯的新框架还需要在数学形式上有所创新，才能占领更多的大学讲坛。第四，按照杨小凯自己的说法，他的内生专业化的分析框架是对斯密分工理论的一种形式化，尽管不可能是简单的形式化——这种形式化有助于加深人们对斯密理论的理解。也就是说，杨小凯的工作是以形式化见长，而不是以新的思想见长，尽管其思想高度也达到了相当高的水准。按照杨小凯自己的说法：“至今还没有证据表明，（斯密的分工理论）在他那个时代之后取得过任何实质性的进步。”但西方经济学界对经济学家的评价，历来是对思想的看重超过对工具的看重，否则，哈耶克和科斯这样的学者也不会获得诺贝尔经济学奖。好了，我想说，杨小凯是一位天才式的华人经济学家，这是毋庸置疑的；但我们在掂量这位天才的分量的时候，也不可失去经得住检验的准则，否则，杨小凯先生的在天之灵也会不安的。还有，如果没有这样一种认识，也不利于现代经济学在中国的传播。

我还想从另一个角度来看杨小凯先生。美国的加尔布雷斯，我们是熟悉的，但我总在想，读像杨小凯这样的学者的一本书，胜过读加尔布雷斯一生的著作，个中原因，是我们很难把加尔布雷斯看作一位科学家（或经济学家）。杨小凯的工作证明了他是一位杰出的科学家。第一，杨小凯的工作对前人的工作有继承性。在科学史上，从来没有哪一位杰出科学家是在完全与前人隔绝的状态下完成自己的工作的。斯密不是这样的，马歇尔不是这样的，凯恩斯不是这样的，爱因斯坦也不是这样的。但像加尔布雷斯这样的学者则在创造自己的“体系”，最终，这样的体系不会被人类的知识积累所接纳。当今中国，这种学者或者有这种勇气的学者实在是凤毛麟角。我们读杨小凯的书，发现他不仅继承斯密的分工理论，并把它形式化，而且对新古典经济学的边际分析也不是简单否定。这样一种态度是科学家的普遍态度。第二，杨小凯对现实的批判建立在整个经济学的科学方法的基础上。在人文知识界，有大量像加尔布雷斯这样的人士，他们的工作固然很有现实意义，但却没有重大的知识积累的意义，因为他们总是在“自言自语”，他们的理论很难被“证伪”。杨小凯写下了大量批判现实、解释现实的文字，其深刻的洞察力让我们折服。我们不敢说他的所有论点都是准确的，但他无疑是在以一个科学家的身份说话。在当今中国，我们需要学会像杨小凯那样思考和说话。把经济学搞得晦涩不堪的，一定是蹩脚的经济学家。好的经济学家、经济学大师，一定会把经济学著作写得趣味盎然、生动活泼，让阅读者得到充分的美学感受。亚当·斯密、马歇尔、萨缪尔森、贝克尔、斯蒂格勒等等，都具有拨动读者心弦的能力。

简约灵动的著述风格

杨小凯先生灵动的著述风格在华人经济学圈里无出其右者。一个审美对象，能让人产生美学感受的第一要素是简约。简约的结构能够熨帖不安的心灵，复杂的套式只会加剧我们对未知世界的恐惧。对简约的追求，是我们人类生存状态的需要，并不是上帝的随意安排。因此，简约美也是一种支撑生命延续的自然美，一种基于事物逻辑的理性美。简约美具有一种普遍意义，在一切自然科学和人文科学领域，简约的叙述都可以产生美的感受。爱因斯坦受美学逻辑的引导，后半生致力于统一场论的研究，力图发现大千世界的原始的、简单的、本质性规律。在任何领域，喜欢炮制复杂结构的学者，大多是缺乏自信、心力不足的学者。当然，科学中的简约并不是学童嘴上的“九九表”，而是逻辑世界中的一种捷径。好的经济学家不应该把美学逻辑当作敌人，不应该追求复杂的信息堆积，而应该应用一种明白晓畅、简约灵动的叙事方式。在这方面，杨小凯的作品的确给我们提供了范本。

杨小凯在他的经济评论中所发表的一些观点，我国一些学者也大多发表过，有的见解的深刻程度并不逊色。但是，人们总是不拒绝美的感受，有了杨小凯先生营造的轻松、简约的叙说氛围，即使是一个旧故事、旧观点，我们也愿意再三聆听。我们举几个例子来领教一下作者的叙事功夫。

一、股份公司究竟是一种什么制度？不少学者常常用大量笔墨加以阐述。杨小凯的说法很简单，他说：大公司制度是加强了而不是削弱了私有财产制度。但这种私有财产制度的形式升级了。在股份公司制度下，每件工具都以一定比例被股东共有，在此意义上说，这是公有制，但实际上它是以私有财产制度为基础的公有制。杨小凯的话给我们一种启示，不要把公有制和私有制当成冰炭不容的两个东西，两者可以共处，可以替代，一切取决于时间和环境。例如，任何一个社会都有私人物品和公共物品，对前者，我们该搞私有制；对后者，我们该搞公有制；而私人物品和公共物品的边界是随着社会工程技术的变化而变化的，因此私有制和公有制之间的边界也是不确定的。

二、新古典综合派的宏观经济学，把经济景气循环看作是政府政策应该克服的对象，杨小凯对此提出了批评。他认为，景气循环和失业有积极的生产力意义。没有分工时，是不会有景气循环和失业的。自由市场的景气循环是市场的成功，而不是市场的失败。这也是一种简约的叙述，一种对自由主义经济学思想的精确表达。

三、什么样的制度最为有效？所有经济学家都关注这个问题。杨小凯也喜欢一种来自哈耶克的简单表述——自发形成的秩序和制度才是最有效的制度。英国当年土地私有制的形成，也是自发的圈地运动把公有的土地转化成了私有土地，然后由司法案例加以制度化。对于制度不成熟的国家，有意的制度模仿比自发的制度试验更有成效。不要迷信政府创造新制度的能力。制度决定生产力，而不是生产力决定制度。

简约的叙事方式出自深厚的经济学修养。“杨小凯是第一个放弃马歇尔的分析框架，而用新兴古典框架分析专业化的经济学家。”杨小凯是这样肯定自己的。从20世纪80年代开始，杨小凯和博兰、黄有光、威尔斯等人逐步发展了一个研究微观经济学的新方法，被称为“新兴古典微观经济学”（Neoclassical Microeconomics），与“新古典微观经济学”（New Classical Microeconomics）相区别。杨小凯乐观地估计：“新兴古典经济学在今后20年会取代新古典经济学成为经济学的主流。”事实上，新兴古典经济学已经受到西方经济学界的重视，在相近领域开拓的西方学者日益增多，其中包括芝加哥大学经济系系主任舍温·罗森。杨小凯的工作博得了美国多位著名经济学家的赞誉，美国经济学学会的年会也曾专门研讨新兴古典经济学及其方法。

新兴古典经济学的要点是：每个人既是生产者又是消费者。作为消费者，每个人喜欢多样化的消费；作为生产者，他们喜欢专业化生产。每个人最优决策总是角点解，所以边际分析不适用。由于专业化生产与多样化消费的冲突，所以，有专业化经济效果与交易费用的矛盾。生产率水平由劳动分工水平决定（劳动分工水平与商业化程度、贸易依存度及市场大小有关），而市场均衡的劳动分工，由交易效率决定。如果交易效率低，则分工的好处小于交易费用的坏处，所以，人们选择低分工水平和低生产率；如果交易效率高，则分工的好处大于交易费用的坏处，所以人们选择高水平分工与高生产率。由于交易效率由制度、政策、交易技术、城市化等因素决定，所以，我们可以用经济制度、政策、交易技术等来解释分工及生产率水平。

杨小凯的简约的理论需要复杂的数学来证明，这一点也不奇怪。相对于人类社会的复杂性，数学的进步总显得过于缓慢。迄今为止，用数学模型来证明经济发展的某种规律，总是不得不过分使用“奥卡姆剃刀”。杨小凯说：“我在分析实际经济问题时，却更信任我的直觉，而不信任那些简化得不现实的数学模型。”不要误解这句话。数学模型是简化的，但数学本身是复杂的，而直觉比数学模型更值得信赖，并不是因为直觉更复杂。一切好的直觉，都具有简约的内涵。

心系中国改革

杨小凯先生在逝世前的这几年里，对中国经济改革问题发表了许多非常有见地的评论，特别是他关于中国宪政改革的论述，在中国知识界具有掀动人心的理论魅力。

美国经济学家克鲁格曼曾给中国经济泼冷水。“他引用数据证明，当年苏联30年代、50年代起飞时，成长率不亚于今天的中国，但由于毁弃了有关的产权和法律制度，用中央计划经济模仿发达资本主义国家的工业化模式，当模仿的潜力耗尽以后，破坏私有财产和市场经济的痼疾就会暴露出来，使经济成长前功尽弃。”杨小凯相信克鲁格曼的研究结论，并力主中国必须进行产权改革。进行产权改革的目标是确立一种尊重私人和公共财产权的宪法秩序，提高保护财产权的效率。提高保护财产效率的办法有几种：一、用制度创新做到保护财产权和节约保护费用（交易费用）。二、用技术发明提高交易效率。三、当保护财产权会带来较大的交易费用，并超过保护行为所产生的好处时，也可以模糊财产权。但就中国的情形而言，主要问题是财产关系模糊，私人乃至公共财产权还得不到有效保护。

杨小凯先生十分重视中国的国有企业改革，他提倡建立的新兴古典经济学十分重视市场进入成本的意义。经济发展程度最终可以用劳动生产率高低来衡量，但只有在专业化分工的前提下，劳动生产率才能提高；有了分工，生产者才可能通过学习而转变为具有现代专业知识的专家和企业家。分工与市场当然有一种相互促动的关系，但一个基本规则健全的市场始终是分工扩大的制度前提。只要分工在不断扩大，专业化程度在不断提高，一个国家的劳动力就会逐步被分工体系吸收，形成资源充分利用的经济结构。所以，一个国家好的经济政策，必须尽可能减少经济生活中的垄断，降低经营者进入市场的成本。进一步演绎杨小凯的理论，可以认为造成企业的市场进入成本过于高昂的制度性因素主要是：一、要素市场存在严重的政府垄断行为。改革经过20年，我国的土地、资本和劳动力三大要素市场竟没有一个符合市场经济的要求，由此大大增加了企业经营的不确定性和企业的市场活动成本。二、某些产品和服务市场的政府垄断。三、税费征收不规范。四、政府有关部门对市场秩序维护不力。五、外商的不正当竞争以及走私活动带来冲击。这几个方面的任何一个，都有可能严重阻碍企业的市场活动能力，甚至使企业根本无法进行市场交易，从而不得不终止市场活动。解决这些问题不外乎按照市场经济的要求采取措施。经过杨小凯先生的大力推动，这样一些理论已经在中国深入人心。

1999年，杨小凯和杰弗里·萨克斯、胡永泰共同发表了一篇文章，题目叫《经济改革和宪政转轨》。这篇文章气势恢弘，逻辑缜密，把大家多年来不断思考而又未能理清的问题做了一个很漂亮的理论处理。文章告诉我们，如果不认识到经济改革仅仅是大规模宪政转轨的一小部分的话，对改革绩效的评估可能误入歧途。文章得出结论说，在政治垄断下，经济转轨将被国家机会主义所挟持。经济转轨双轨制产生了宪政转轨的非常高的长期代价，也许大大超过它赎买既得利益平滑转型的短期好处。杨小凯先生的这些思想，也许我们在很多年后会更清楚地体味到它的意义。

第二篇　批判理性

人类冲突时，上帝在发笑。一切冲突的最终根源是我们不能通过谈判、交易来确定利益关系的大体平衡。我们不应责怪人们被利益蒙住双眼，而应批判让我们蒙住双眼的共同规则。本篇收录的文章多在检讨改革面临的制度难题。

“和谐社会”专属东方文化体系么？

这几年，学者们关于“和谐社会”的理论讨论多了起来，各种说法层出不穷。有一种说法把“和谐社会”看作是专属东方文化体系的东西。有论者认为，与“西方中心主义的发展模式”相对立的是东方文化体系，他们认为西方模式“在处理人与自然、人与社会的关系时，它所秉持的理念是竞争、增长和发展，而不是和谐”，东方文化的标志则是“道家文化中的‘无为’、儒家文化的中庸、佛家文化中的静修”等。对这种说法我很怀疑。

其实，被批评为不讲“和谐”的欧洲学术思想在启蒙运动中已经提出了系统的、有科学结构的和谐发展思想，后来西欧经济学的发展进一步确定了和谐发展的科学内核。以尊重“自然秩序”为核心概念的法国重农主义学说应该是最早的关于和谐发展的系统阐述，连马克思也十分欣赏它的某些理论片段。这个理论的思想来源，一个是所谓宗教的“乐观的、诚实的态度”，一个则是开普勒的天空和谐理论。前者只是一种态度，并没有社会和谐的可持续的基础；后者则已经接近科学思想了。

后来的西欧经济学家致力于将和谐发展的思想与他们对市场经济的科学建构统一起来，并至少产生了一个在逻辑上有自洽性的理论结构，其代表性成果是亚当·斯密的《国富论》。20世纪50年代，美国经济学家凯里在自己的著作中完全把“经济和谐”当成了科学范畴。 再后来的福利经济学试图全面建立各类市场主体都实现利益最大化的“一般均衡”，应该是描述和谐经济关系的进一步的努力。尽管这种努力受到不少批评，但目前还没有更好的理论能够替代它。

主流经济学关于和谐社会经济的思想经由哈耶克的工作而变得更为丰富和扎实，现代经济学家会把哈耶克看作经济和谐思想的集大成者。概括地说，现代西方主流的和谐社会理论的要点是：第一，承认“自然秩序传统”的客观性，所有遵循这种传统的行为法则都有可能相互协调，并且变成人们所认可的习惯；第二，这种传统不是人类或个人精心设计的或实施计划经济的结果，而是来自独立活动的个人与自然的相互作用，市场竞争给人的独立活动提供了条件。

我认为，西方的“和谐社会”理论也有可借鉴的地方。关键的问题在于如何确立和谐社会，而不仅仅是提出建立和谐社会的目标。这方面西方也有自己的教训。曾经有一些西方学者坚持一种“极端理性主义”立场，认为可以通过政府严格的计划来安排出一个和谐社会。经过一些国家的失败教训以后，他们才认识到要建立和谐社会不是仅仅靠计划就能安排出来的，由独立活动的个人通过市场竞争才能构成和谐社会的基础。对政府计划的盲目迷信只能走向一条“通向奴役的道路”。

当然，关于和谐社会的思想也不专属西方，中国古代文化典籍中自然也有关于和谐社会的思想。但中国思想家关于和谐社会的论述多是一种价值判断，有时候它还成了粉饰皇权统治的文化工具；后来的中国思想家也没有给它一个科学结构。应该承认，中共十六届六中全会通过的《中共中央关于构建社会主义和谐社会若干重大问题的决定》，是中共思想史上甚至是中国思想史上第一次对和谐发展所做的系统的、具有一定科学精神的阐述，其之所以达到这样一个水准，与其说它来自儒家经典思想，不如说它来自当代共产党人对中国20余年市场化改革的经验总结。这个文件提出的系统性的思想，我们在这里没有必要重复。应该注意的是，这个文件与“儒学计划经济”的显著区别是，它在强调“以人为本”的同时，坚持了促进经济发展的思想。文件指出，要“切实抓好发展这个党执政兴国的第一要务”，“坚持发挥生产力作为最活跃最革命因素的决定性作用，坚定不移地通过深化改革破除各种障碍，完善公平竞争机制，健全现代产权制度，不断解放和发展生产力”。毫无疑问，党的文件并没有把“竞争、增长和发展”看作是“西方中心主义”的发展模式。

承认人类的积极思想可以融会贯通，是我们实行对外开放政策的基础。如果我们把关于和谐社会的思想简单地与西方思想对立起来，忽视西方思想中的积极方面，恐怕不利于我们国家继续坚持改革开放的治国方略。

“潜规则”何以变为“坏规则”

自从吴思先生出版了他的《潜规则》以后，这个做了书名的词语也空前流行了。吴思先生为丰富汉语做了一个贡献。这个词流行以后，我心下曾将它等同于“非正式规则”这样一个术语，可仔细想一想后又认为不妥。另外注意到很多人把“潜规则”等同于“坏规则”，也觉得不是很对头。在林林总总各种规则中，我们本来可以有多种办法来区别它们、定义它们，但社会舆论似乎更有兴趣用“明规则”（显规则）、“暗规则”（潜规则）之类的术语来区别规则。这是什么原因呢？探究这个问题很有意思。

的确很难把潜规则看作非正式规则。什么叫“正式”？这本身是一个问题。成为国家法律的规则就是正式规则，其他规则就是非正式规则或潜规则么？这样说有些麻烦。例如，一个政党的党章不是国家法律，但它可能被政党的党员广泛认可，在有的情况下它的影响力不亚于国家法律。还有，一个国家的宗教也可能主宰这个国家的大量事务，它也是相当“正式”的。

似乎更不可把 “坏规则”等同于潜规则。有的规则非常明确，甚至是国家的法律，但却是坏的规则，或者至少在一定历史时期是坏的规则。相反，有的社会生活的规则虽然没有被国家或政党的文件所明文记载，但却是好的规则。我国政府在1958年的文件中所确立的户籍登记制度基本上是一个好规则，但后来的一些政府文件（或党的文件）慢慢地使户籍制度变成了一个坏的规则。这个规则完全是明的，而不是暗的，算不上是潜规则。最近，又有政府文件出台，说国家法律不保护住房“小产权”，这个规则也是明的，不是暗的。尽管这个规则的发布事出有因，但我还是不认为它是好规则。反观生活当中的许多处世规则，尽管没有由国家法律或政党文件加以确认，不妨把它们看作潜规则，但却是好规则。例如：在有积水的马路上驾车不可太快，以免将水溅到行人身上；公共交通工具上需要给不方便的乘客让座；公共场所不可随意高声讲话；等等。这些规则没有经政府和政党以文件形式发布并强制执行，但确是好规则。

更抽象地，能不能把不符合人类文明准则同时又不便公开言说的行为规则叫做潜规则？我记得有民间流传的关于买官卖官的几句顺口溜，说“不跑不送，原地不动；只跑不送，平级调动；又跑又送，提拔重用”。不能否认，在不少地方，这些话也算是一种准则了，是一种在官场获得晋升的准则，是一种潜规则。这几年盛传演艺界的女明星走红也存在一种不可公开言说的规则，被人们看作潜规则。这两个例子都符合这里关于潜规则的定义。这个定义的边界比较清楚，应该能够满足语义学的要求。

要正确把握这里提出的关于潜规则的定义，须注意两种情况。

第一，这只是针对规则的某种形式来定义规则，而不是对规则本身进行分类。同样的规则，在一定条件下是“明”的，而在另一种条件下则是“暗”的；前一种情形下意味着规则是可以言说的，后一种情形下则是不可公开言说的。例如，在当今美国，歧视有色人种被看作“政治不正确”，也不符合人类文明的要求，歧视行为是不可言说的。但事实上白人对有色人种的歧视还是广泛存在的，有时候这种歧视表现得很微妙，不妨把这种歧视看作是一种潜规则。但在20世纪60年代之前，这种歧视在美国很多情形下是可以言说的，美国有的州还有歧视性的法律。再举一个例子。绑架人质这样的事情大概被人普遍地看作违反人类文明的行为，这个行为在一些国家被法律所禁止，它只是少数反人类政治集团的潜规则；但在另一些国家，这种行为却相当普遍，变成了一种“明规则”。所以，我相信，同一种行为规则在不同情形下可以是潜规则，也可以是“明规则”，抑或是一种“灰规则”。

第二，按这个定义，潜规则自然是坏规则，因为它们与人类文明相悖，但要看到，潜规则只是大量坏规则中的一部分，有时甚至不是坏规则中最重要的部分。有很多很坏、很不符合人类文明要求的规则还在到处肆虐，到处被激进又腐朽的军事集团强制推行。还有一些坏规则假借文明口号伪装成好规则被居心叵测的人所兜售。更有一些坏规则因人们的愚昧或因人们陷入“集体行动”的困境而不能被废止。再深入地看，潜规则在有的地方之所以深深地束缚着人们的生活，完全是因为正式规则或“明规则”存在根本缺陷，是因为正式规则给潜规则的作用开辟了空间。要让我们的世界更加文明、进步，改革者工作的重心还是应该不断完善那些正式规则。

好规则常常是由社会精英阶层制定的，或者是由他们发现后去着力推动实施的。在这里，前提是社会精英阶层必须是一个现实的存在。最近一个新闻报道说，一位大学生在找工作时因为表明自己的家乡是某省，便不被几家公司所接纳。看来地域歧视由潜规则变成了一些公司人事部门的明规则。这让我感到惊愕。联系到许多现象，我真怀疑在我们这个社会是不是有一个主导社会风尚发生良性转变的社会精英阶层的存在。

不全是“黄宗羲定律”问题

据《南风窗》报道，某地陈家井村发生一件事，众多村民需要宅基地，但只得到6亩用地指标，村里用拍卖的办法解决分配问题，于是发生“农民买自己土地”建房的事情。这被认为是“黄宗羲定律”在起作用。

我认为陈家井村的事情不全是“黄宗羲定律”问题，甚至主要不是这个问题。当今中国已经在制度上没有了“黄宗羲定律”发生的社会条件，这不仅仅是因为“农业税”在中国已经退出历史的舞台。这个术语现在可能只有比喻的意义。但这个村的事情本身，对于分析中国土地问题具有标本价值。

采写陈家井土地事件的记者提出了一个必须回答的问题：农民自己的土地被竞卖，而竞买者是农民自己！究竟哪里出了问题，以致有如此“荒唐”的事情?

在限定的前提下，解决陈家井村的问题似乎没有更好的答案。这个村有150多户需要宅基地建房，但只获得了6亩宅基地使用指标。其他800亩地似乎只能是农业用地。这6亩宅基地允许自己建房，可建大概容纳十余户人家的独栋房屋。若用抓阄的办法确定建房农户，显然不合适。利益太大，抓阄这类对当事人风险很大的办法就不合适。

要找到比较好的办法，必须理解我国农村土地产权的真正性质。

土地所有权的实际意义要体现在经济权利上。如果仅仅搞低附加值的农业，农村土地的承包权就像所有权，大家不会争得太厉害。一旦有了大的利益分配问题，如耕地要转为建设用地（包括自建房用地），土地是“大家”的这个性质就起作用了。尽管这个性质有弊端，但在利益分配的节骨眼上要对其进行变革很难。

政府通过自己的“规划权”体现了它对具有公共性质的土地的所有权，而且这个规划权常常能创造出巨大的利益。在陈家井村，就是政府的规划权创造了一个利益分配难题。如果政府允许村里剩下的800亩土地全部用来给农民建房，就没有农民之间的利益纷争了。但政府出于维护更大的公共利益的目的，有权力制定合理的规划（案例中的规划是否合理，这里无从讨论）。

于是就产生了6亩农地因改变用途而产生的新增利益分配问题。无疑，这个利益应该人人有份。用拍卖这种市场化的办法把利益集中起来，然后分配给所有集体成员，是一个做法；把这种利益货币化以后，用作公共投资，以提升大家的公共服务水平，也是一个办法。陈家井村的上级政府用的是后一个办法。这两个办法都比抓阄好。

不难看到，并不是农户在竞买自己的土地，而是少数集体成员要将集体土地“农转非”的利益自己占有（建房），不得不拿钱来换取这种“特权”。这里甚至不能说加重了农民负担，因为自己虽然掏了腰包，但得到了珍贵的宅基地，何况他们掏出的钱被用作了社区的公共投资，让社区的其他成员享受到了好处。所以，我不认为这里有“黄宗羲定律”问题。

当前，中国很多地方的土地纠纷与土地的“农转非”有关。能不能有更好的办法，让农民更满意，政府更省心，国家经济发展更具有可持续性？当然是有的，但找到这种办法不能靠某一个地方政府。

《劳动合同法》对人民代表是一块“试金石”

《劳动合同法》出台以后，遭到一些企业家的反对。有些企业家站在自己的立场上批评《劳动合同法》也算不上奇怪的事情。新一届人民代表大会的企业家对《劳动合同法》是什么态度？这是我们所关心的事情。据新华社记者的披露，在此次人大代表中，有几位企业家肯定了《劳动合同法》的积极意义，这着实令人高兴。

全国人大代表、湛江鸿智电器有限公司总经理宋亚养在接受记者采访时说，《劳动合同法》的实施对劳动密集型企业控制成本造成了压力，但对企业提高产品技术含量和自主创新能力都有推动，有利于企业长远健康地发展。全国人大代表、广东格兰仕集团有限公司知识产权办主任王龙霞也认为，《劳动合同法》的实施让企业感到了压力，尤其是一些靠成本优势存在的小企业，但总体来说对企业发展是好事。这两位企业界的人大代表对《劳动合同法》有这样的看法，是不是具有全国范围的代表性？很难说。如果他们的话能反映人大代表中大部分企业家的意见，就是一件了不起的事情。我宁愿相信这是客观事实，宁愿相信这些企业家在担当人民代表这一重要职责以后能对《劳动合同法》有一个在政治上正确的看法。

按新华社记者的报道，目前贯彻《劳动合同法》的状况很令人担忧。全国人大常委会曾经公布的一份执法检查结果显示，劳动合同签订率低、期限短、内容不规范等问题突出。大部分劳动合同期限在 1 年以内；中小型非公有制企业劳动合同签订率低，个体经济组织签订率更低；有的用人单位滥用劳动合同试用期。发生这种情况是完全可以理解的。《劳动合同法》出台后，如果资本集团一致欢呼雀跃，不折不扣地执行这个政策，那才是怪事。国家每出台一项法规，出现一些反对的意见，有时还显得很强烈，很有“压力”，也许会是常态。

民间对国家法规有不同意见可以是常态，人民代表大会上就不能有不同意见么？当然可以有不同意见，但要看是什么样的意见，又针对什么样的法规。《劳动合同法》是一项很基本的法律，甚至可以说是一部“经济宪法”，因为它规定了最基本的经济关系——劳资关系。对这样一部法律，有志于参与政治活动的企业家应该有不俗的看法，应该与一般企业家的看法有所不同。从这个意义上说，《劳动合同法》的确是一块“试金石”，对它的态度，能够反映出企业家出身的人民代表的政治水准。

现在对《劳动合同法》的批评主要来自资方人物，也有一些政府官员。批评内容包括两个方面：一是说这部法律来得太早，尚不适合中国国情；二是说法律的许多条款让资方提高了成本，增加了经营压力，同时也减弱了对劳动者的激励。我看这两方面的批评都不能成立。《劳动合同法》的一些内容在一些发达国家多则有几百年的历史，少则有数十年的历史。中国工商业发展早已超过发达国家对应历史时期的水平，怎么说中国就不需要《劳动合同法》？说这部法律增加了企业的压力，当然是事实，但谁想过如果没有这部法律，劳动者的压力有多大？凭什么资本家不能有压力，劳动者就要承担压力？劳动者所承受的压力是生存的压力，而资本家的压力不过是盈利的压力，这两种压力哪一种更关乎社会的基本公正，不是很清楚么？

围绕《劳动合同法》的讨论，常有人以一种虚假的“事实”作为立论前提，说中国劳动力多，资源禀赋的优势是劳动力，因此应该实行低工资制，应该以自己的劳动密集型产品来换取别人的资本密集型产品，而《劳动合同法》似乎破坏了资源最优配置的条件。我认为这种逻辑是不能成立的。只要4亿劳动力每人每天平均多劳动2小时，就意味着有其他1亿劳动力的饭碗没有了，于是这些失业后备军就进一步迫使在业者多工作、少挣钱，以保住自己的饭碗。对于这种恶性循环的机制，必须有《劳动合同法》这样的法律介入才能打破。我们当然知道，中小企业家们的确很辛苦，企业利润很薄，但帮助他们的办法是由政府对他们“轻徭薄赋”，而不是长久地依靠降低工资单价来获益。

上届政府在立法方面的工作最值得称道的是通过了《物权法》和《劳动合同法》，但偏偏这两部法律饱受争议。前一部法律触及了一些人传统意识形态的神经，后一部法律触及了利益集团的钱袋子。这种争议现在出现不奇怪，今后1万年也会存在。还好，在我们这样一个社会多元化程度大大提高的时代，政治家集团变得更加中立，更有科学的眼光，更能把握社会利益集团的平衡发展，于是，《物权法》和《劳动合同法》也就能出台。这次“两会”召开，我希望各位代表、委员能跳出与自己直接利益有关的立场，站在更广阔的历史平台上听取人民的意见，用好人民赋予他们的权力。

理性何以立足?

近日，方舟子和歌星王菲及其粉丝之间的一场论战又吸引了人们的眼球。论及以往一系列争议，有人说，方舟子在做自己做不了的事情，且义无反顾，就像堂吉诃德。这样说未免让方舟子的形象过于悲壮。在我看来，方君多年来在公共领域独竖旗号打拼，业绩出众，总体上是一位胜利者。

当然，我不认为受方舟子批评的人都是不可救药的家伙。我自己也中过他的一剑。那年，我在一篇文章里说要敬畏自然，就受到他顺带的批评。他的批评有一定道理。很多朋友讲敬畏自然，意思是要保护环境，但环境变化的机理的确有很多方面人们并不清楚，但各界人士都喜欢讲，难免鸡一嘴鸭一嘴，说些揣测性的意见。“敬畏”一词也很含糊，容易引起歧义。方舟子有生物学的背景，他在这方面的发言权自然要强于我辈。由这样的“小事”，我看出他是一个很能较劲的科学主义者。其实，有的受方舟子批评的朋友，也有科学主义的思维取向，只是在一些问题上与方君存有某种认识角度的差异而已。朋友们在争论中若过于爱惜自己的羽毛，就会说些过头话，便把小分歧推向大对立了。

方舟子是一位科学主义者，算不上激进，更谈不上疯狂。他的科学直觉良好，听到不符合科学知识的言论，就站出来评论，大多不给对方面子。科技领域若有人涉嫌弄虚作假，他也仗义执言，予以揭露。按理说，这些行为是科技人员的行为底线，与激进行为八竿子打不着。在当今中国知识界，系统性的虚假知识比比皆是，炒作之风盛行，如果方君有好斗的激进科学主义倾向，那引起的争端远不是现在这个样子。大略说来，方君还是在自己的一亩三分地上守望，没有凭着自己的科学直觉四处出击。

科学主义本来符合人类利益，这大概是方舟子科学打假旗帜不倒的基本原因。道理其实很简单。讲科学，首要是讲逻辑。我特别是指形式逻辑，而不是似是而非的所谓“辩证逻辑”。讲逻辑，人们才能学习，人类才能进化。

试想，世间若没有逻辑，人们过了今天，全然不知道明天会怎么样，还会学习么？当然不会，因为学习没有了意义。人类能有今天，全凭逻辑的普遍性。有了逻辑，今天学习的知识，明天就管用；有了逻辑，人们之间就有了交流的平台，知识就会传播，人类进化的速度就会加快。正因为如此，科学主义的思维方式在任何时代都有一定的立足之地。

既然科学主义符合人类进化的要求，为什么在以往历史时代蒙昧主义能大行其道？那时的人们连形式逻辑也不讲么？这问题不回答，科学主义的意义就说不清楚。其实，蒙昧主义主要不是不讲形式逻辑，而是逻辑推理的预设存在问题。在科学知识还很贫乏的时候，逻辑推理的预设往往是虚幻的，逻辑推理的结果也自然是错误的。人类知识进步的重要意义，就在于不断更新逻辑预设，并使一部分预设变为“常识”，使人们的知识创造过程能够简化。例如，现在人们会把“万有引力”作为预设，来推断很多过程的变化。类似这样的预设变成了常识，在社会领域，类似的预设还会变成人们的信念，让人们省却了很多知识创造的重复劳动，对人类的知识增进有极为重大的意义。

当然，蒙昧主义的历史罪责，不能轻松地拿那个时代的知识匮乏作借口来消解。蒙昧主义在中世纪的大本营是天主教会，其实，教会领袖们并没有惩罚每一位实验科学家，有的科学家还是教会的座上宾。教会害怕的是科学家对他们权威的系统性挑战，例如像布鲁诺那样对教会的无情攻击。教会尤其害怕有人对他们的既得利益下手。那个时代，知识的垄断者是教会，人们只要系统地更新知识，教会的威望就受打击，其利益也会极大受损。

最终把蒙昧主义挑下马来的力量，主要不是来自科学家或启蒙运动的思想领袖，而是来自世俗经济关系的变化。新航路的发现，商人阶层的崛起，以及商人和世俗贵族的联盟，让教会的垄断地位垮掉，科学家才有了自由空间。世俗政治家以科学主义的旗帜来对抗蒙昧主义，但真正的力量来自商业利益的诉求。科学主义有了自由，才能扇动自己的翅膀。

科学主义的胜利，并没有使自己变成独门老大，蒙昧主义只是退缩到了科学鞭长莫及的领域，例如，世界的本源与人生的意义，科学无法回答，宗教就有了空间。当今世界就有了一种基本分工，人们的灵魂由“上帝”关照，其余则由世俗权威关照或由自己守望。在传统基督教国家，神职人员已经相当知趣，不大会去挑战科学常识。我以为，科学的胜利完全没有必要也不可能把蒙昧主义赶尽杀绝，甚至可以说眼下的分工还有积极意义。

但是，在中国，科学主义还不能说取得了根本胜利，不仅在一些领域有系统性的虚幻知识，即使在最容易被科学常识控制的世俗领域，招摇撞骗者也时不时地在俘虏善男信女。也就是说，在中国，科学主义和蒙昧主义的基本分工还没有形成。在这种背景下，中国就特别需要方舟子这样的战士。方舟子的空间有多大，意味着中国的自由空间就有多大。

何以斯文扫地

这几年，让知识界斯文扫地的事情似乎层出不穷。河北大学出了一个“我爸是李刚”事件，捎带出了校长的麻烦事。校长是否抄袭，我不敢做评论，但这名工科专家写了两本关于区域经济的著作却是铁的事实。对中国知识界，专业化分工不专、不细，是远比抄袭、欺骗大得多的问题。因为专家不专，也给抄袭等不良行为提供了温床。 而专家不专现象的普遍化，则与知识界通行的行为规则有关，用更俗的话来说，就是与知识界的管理体制有关。体制不改，知识创新和人才成长会很难，及至抄袭这类丑闻的根除，有一万个方舟子也无可奈何。

这几年参与一些社会科学基金申请的初审工作，深感专家不专问题的严重。申请者过往做的工作和申请将要做的工作往往有很大差异。而河北大学校长的专业跨度之大更是令人吃惊。知识界有一种潜规则，叫做“赢者通吃”。职位越高，所做工作跨专业的幅度也越大，自然利益也就越大。在一些发达国家，情况似乎不是这样。有人一辈子研究一种古代恐龙，或一种昆虫。要知道，恐龙化石少之又少，而昆虫有300万种之多。研究全部恐龙就不专，多研究几种昆虫也会不专。

专家不专的严重后果，首先是创新难。当今时代，知识爆炸性增长，很多知识领域已经有了相当丰厚的积累，蜻蜓点水式的介入很难走到研究的前沿。学者在300年前可以做通才，只要足够智慧，很多知识领域都涉猎一点，也可以出一些成就，像牛顿、莱布尼茨就是这样的佼佼者。3000年前，爱好智力活动的人则会做一个哲学家，面对客观世界，可以胡乱猜测一番，就像亚里士多德和老子，在知识荒漠时代就算是大学问家了。时代不同了，牛顿以后几百年出了个爱因斯坦，也只是在理论物理学方面做了一番知识的总结廓清，把别人置于脑后的知识疑点用自己的天才头脑加以发酵，更新了过去“近似正确”的知识。爱因斯坦之后，至今仍有数不清的物理学专家围绕着他搭建的新知识系统做添砖加瓦的工作，可见即使一个罕有的天才也不能穷尽一门学科。

当然，在一定的知识前沿上，所谓专业的边界并不清楚，例如，在分子、原子乃至更小尺度的粒子的水平上，物理学、化学几乎融合在了一起，一个站在前沿的专家需要涉猎很多知识。但这和“跨专业”并不相干。在这种前沿上，一个专家更需要专注少许几个焦点，不可四处出击。他的知识储备和工具应用能力在传统意义上说应是跨专业的，但研究创新工作却是高度集中的。

专家不专的另一个后果是给知识界无良人士抄袭、欺诈等行为提供了条件。因为专家不专，每个知识领域便有很多人涉足，要了解他们每个人的工作会需要很大的精力，以致某个领域有人抄袭、招摇撞骗，要得到揭露也就很难。这种情形还使得知识界的职业竞争处于无序状态，专家之间也不容易发生持久的面对面的竞争，往往使得一个人揭露对方的收益很小，而成本却很高，以致大家都不愿意在“一棵树上吊死”，于是，遇事总会放别人一马，也方便自己绕着走，多一条生路。就这样，专家不专的情形使知识界陷入了“囚徒困境”，以致在整体上形成一个“排排坐，吃果果”的混沌的利益集团。

造成专家不专的直接原因是我国教育科研体制的行政化弊端。资源主要在各类行政官员手里，并大体按照行政原则和官职序列分配，很容易官大通吃，助长治学的短期行为。四处伸手，哪里有利益往哪里钻，不可能潜下心来“十年磨一剑”。行政官员的任期和研究工作的节奏完全是两回事，而追求政绩的施政行为便会奖赏急功近利的治学态度。知识界浮躁的根由大抵如此。

从一般的行为学规律看，在一个事务圈里，只要不确定性很大，人们的行为就会短期化，信用关系就难建立，吹牛拍马、阿谀奉承、欺世盗名的行为就会泛滥。拿知识界和商业社会比较，尽管后一领域的竞争刀光剑影，但那里一旦有了一定的组织程度，人们也会守规矩，以至商业精英反倒可能比知识精英更高尚。铜臭和书香的关系由此也可能被颠倒过来。依我观察，改革开放以来，我国商界的知识创新要比大学和官办研究机构更具有活力，原因即是商界的行为规则要好于象牙塔里的规则。

改变令知识界斯文扫地局面的办法，自然不是要建立一个什么机构把知识界更严格地管束起来，相反，应该考虑给知识界更自由的活动空间，让它摆脱官场规则的束缚。最关键的改革是让知识界各类组织领导人由专家学者自己推举，由此才可能解决资源分配问题和奖惩标准问题。有了这样一个关键机制，知识界的竞争就会活跃起来，各种行为规范也会在竞争中得以确立。现在人们又在谈政治体制改革，可是，连风险几近于无的科技管理体制改革也不肯进行，还妄谈什么政治体制改革？

中国社会转型中的村民自治

发展民主政治，是当代中国一项十分重大的课题。多年来，中央和地方在发展民主政治方面都有过一些举措，其中，村民自治作为一项有法可依的、系统性较强的工作，最为引人注目。村民自治对发展民主政治究竟有何意义，更为可靠的民主政治改革应怎样推进，是很值得回答的问题。

一、从一项调查谈起

2009年前后，由中国社会科学院农村发展研究所张晓山教授领头的课题组对我国社会主义新农村建设做了系统的调查，其中涉及到村民自治内容。我们在调查中，把投票率作为村民参与民主政治热情的指数，分析这一指数和其他指数的关系。值得注意的调查结果有：

第一，农户家庭年收入与村庄人均收入水平对政治参与的影响有显著不同。

调查发现，农户家庭收入与农户政治参与水平几无关系，而村庄的平均收入水平却对农户的政治参与程度有显著影响。这种情形正反映了人们通常忽视的政治经济关系。

政治参与热情与一个地区的市场化程度有密切关系，而地区的人均收入水平是地区的市场化程度的重要指数。正因为如此，人均收入高的地区，居民的平均政治参与热情也比较高。但在一个地区内部，即使农户之间的收入差距很大，只要平均收入低，意味着其市场化程度低，收入不同的农户之间的政治热情就会差别不大。

我曾在1999年指出过政治参与热情与市场化程度之间的关联性。政治参与热情在一个社区内部可以相互影响，以至在社区内部高收入者和低收入者之间的民主政治参与热情差别不大。广东省与河南、甘肃两省相比，是经济发达地区，市场化程度比较高，农户的政治参与热情也比较高。在市场环境下，经济活动当事人面临的不确定因素较多，需要一个有利于降低风险的规范的政策决定机制。

广东、河南、甘肃三省农户政治参与的差异十分明显，身处内陆地区的河南、甘肃，其村民选举的积极性明显低于广东。我们在前面的讨论中把这种差异和人均收入进而和市场化程度联系在了一起。但更深入地看，这是一个与城市化有关的问题。我们在广东农村了解到，那里的农业增加值占GDP的比重很低，以农业为主的劳动力占总劳动力数量的比重也很低。广东农户中有很大的比例实际上已经不是农户，尤其是惠州，若以劳动力的比重作城市化率的指标，应在80%以上。所以，经济较发达的地区农户的政治参与热情，实际上是城市居民的政治行为问题。

第二，农村居民的受教育水平与政治参与热情之间相关性不强。

调查中的“农村居民的受教育水平”是指受教育年限。调查发现，农户的受教育水平的高低，与农户的政治参与热情并无关联。这个结论仍证明了笔者曾提出的一个理论分析观点，民主政治的兴起决定于社会对民主政治的需求，而非社会居民的所谓受教育素质。严格说来，受教育年限与居民的文化素质不是一回事，后者包括了居民在生存环境中由耳濡目染所接受的文化熏陶以及对公共权威的认同能力。维护传统乡绅自治的阶段性因素是乡绅的道德可信度，与一般居民的受教育年限并无直接关系。在市场竞争环境下，竞争的多变性使人们有更多的可能性在相对陌生的环境中活动，传统习俗的约束作用不能满足人们处理公共事务的要求，而维护习俗的乡绅的道德可信度在竞争环境中被认同的成本很高，法制环境才被人们所接受。法制环境的特点是专业化，其中有人专门处理法律事务。所以，在这里，居民的受教育年限也并不重要。

民主政治活动的技术性要求并不高，市民即使不识字也可以参加投票。民主政治能否推进，关键在于社会精英的态度。如果社会精英主体不认为民主政治可增进自己的利益，它就不会获得发展。广东省的市场经济特点是垄断程度低、自由竞争程度高，一般来说，社会精英阶层更认同竞争、认同法制。

第三，农户在本村居住时间与参与村委会选举的热情呈明显负相关。

这个结果也很有理论解构价值。在本村居住时间长的户主，多为农业劳动者。农业劳动者又多为老人和妇女，他们的年龄和性别与政治参与程度相关度低，而他们的职业则与政治参与热情呈显著的负相关性。笔者认为，其主要原因是农业市场的联系相对简单，国家政策的透明度高，村级官员的行政自由裁量权对农业生产者的利益影响较小，以至他们的政治意识较弱，对何人当选村干部的关注度较低。

以上发现还值得深入讨论。

二、传统乡村社会能否嵌入民主政治？

我们调查的统计分析结果不支持关于任何发展程度的社区都普遍具有民主政治参与热情的观点，我们认为，这一结果可能暗含对如下理论观点的支持：传统乡村社会很难嵌入民主政治。

在传统村庄社会，村容村貌的维护主要靠宗法关系发挥作用；为数不多的公共支出则依靠乡绅捐助和宗教劝慰实现；村庄内部纠纷的处置以及其他公共事务的主持仰赖各类乡绅，他们就像“志愿者”。这种治理方式比民主政治的成本低。

有经济学家给传统乡村社会的定义是“没有积累的社会”，相近的说法则定义传统乡村社会为自给自足的社会。这种社会生产方式基本没有变化，相应地，其公共生活也比较简单，通常按惯例习俗处理公共事务，所以很少有需要讨论的新的公共事务。大家都是习俗的接受者，所以，“一致同意”事实上成了公共事务决策的通行原则，只是这种“一致同意”并不真正和谐美妙，因为居民通常以牺牲自由来服从习俗。

“少数服从多数”这种民主政治原则的应用在传统村庄显得奢侈。民主政治更需要在市场化社会运用。调查表明，农民选举村干部的主要目的是想通过自己的选票影响物质利益分配，约束村干部侵吞集体财物。这只反映了现代社会关系开始冲击传统村庄社会，并不意味着乡村社会有了强烈的民主政治需求。

从世界历史大视野看，民主政治的规则发端于上层社会，它替代基层社会的传统规则需要漫长的时间。一个国家可以有一场民主革命，或可以有一部民主宪法，但其社会治理方式与民主政治完全可以风马牛不相及，例如印度社会大抵如此。像美国这样的国家，基层社会的改造也经过了极为漫长的过程，也许到奥巴马当总统，才算有了一个标志性的成就。

从学理分析看，民主政治是解决公共事务问题的一种制度安排，与之对应的制度，我们通常叫做集权制度，其实是一种军人政治。中国历史上的军人政治与欧洲略有不同；中国的皇帝是军事领袖，但在执政机构中也吸收了文官。但在传统社会，在村庄共同体之上，公共事务主要是族群安全，其他公共事务很少，军人政治的效率比民主政治的效率高。加上传统村庄也没有民主政治的需求，总体上看，传统社会的全部构造都不需要当今时代这种民主政治。

三、乡村现实及其对民主政治的需求

当然，现实变迁总显示为渐变的谱系，并不是与理论家定义相一致的纯粹的结构。但理论还是有意义的，对渐变谱系的反映只是需要改变理论假设的条件，以使理论与现实保持一致。现实的中国乡村社会当然不是纯粹的传统社会，但也不是完全市场化的社会。我们大体可以这样认为：中国乡村社会正处于由传统乡村社会向市场化社会的过渡时期，相应地，中国乡村社会对民主政治的需求也处于增长过程之中。落后的乡村更接近传统乡村社会，而发达地区农村则更接近市场化社会，它们对民主政治的需求依次递增。从纵向看，越是高层公共部门，实施民主政治的意义也越大。

数据表明，我国农村地区的市场化程度在改革开放以来有显著提高，总体上西部、中部和东部的市场化程度呈依次提高态势。

更深入地看，乡村社会越发达，其实越蜕变为城市社会。其农业变成了城市化分工体系的一个分支，专业农户也卷入城市经济系统，变成了“城外市民”。所以，当我们说发达的乡村社会才有对民主政治的需求时，其实是指城市社会对民主政治的需求。换句话说，“发展乡村民主政治”这个表述，其实是一个虚假表述，应该表述为“发展城市民主政治”。一个区域，一旦它产生了对民主政治的需求，就意味着它已经是城市化的社会。也许我们仍然按习惯把一个地区称为乡村社会，其实它在本质上已经是一个城市型社会结构。

事实上，我们在长三角、珠三角地区看到，那里的村庄已经高度非农化，尽管在我国行政建制上把它们看作乡村，并且使用“乡村治理”这样的政治术语来指称一类工作，但在工作内容上看，已经和农业关系不大。这里当然也存在“表述的滞后”对实际工作的消极影响，甚至可以说这种影响还很大。正因为如此，我们才会认为，有必要通过理论认识的深化，及时转变政治用语，以消除似是而非的政治用语的影响。

四、结论及其对政策调整的意义

本文所涉及的调查的主要结论是，我国农村地区对民主政治的需求与农村经济的市场化程度高度相关；而本文的延伸讨论则说明，乡村社会对民主政治的需求之日，也就是乡村社会的解体之时，同时也是城市社会替代乡村社会之时。

这当然是一个渐进过程，但不论这个过程有多长，转变的性质不会有变化。

由本文产生的结论，的确在理论上与政策批评上有一定颠覆性。当我们要求典型的乡村社会实现民主自治时，其实它并不需要民主政治；当我们发现它需要民主政治时，它已经是一个市场化的城市社会。可以认为，“乡村民主治理”是一个很吊诡的表述。

这个结论当然对政策批评有启示性意义。我们理应避免这种尴尬：当我们依照大众语言在持续念叨“乡村民主治理”时，却发现在某一天，传统农业主产区的专业农户居民点收缩到不能撑得起村民委员会存在的地步，而发达地区整体转型的村庄则完全变成了城市的一部分！

本文关于目前相关政策的主要评论意见如下：

第一，决策者应正确对待当下落实《村民委员会组织法》实施中的各种难题。鉴于我国乡村地区在不同程度上仍具有传统性质，且由于习俗使然，在其中要嵌入民主政治治理方式，的确有一定困难。对于这种困难，我们不要简单地归罪于干部不努力、群众素质差，也不要过分追求政策的完善，搞叠床架屋的机构设置。我们的观察表明，对于治理农村，产权改革的意义可能更加重要。要使村民委员会仅仅承担村庄的公共服务职能，把土地等集体资产的管理权完全剥离到农民或农民经济组织手中。在经济发达地区，村委会改制为居民委员会以后，公共服务可以交由政府的派出机构承担。广东省南海、顺德的经验证明，这种做法很有积极意义。减少干部权力的含金量，有可能吸引一些志愿者做基层干部，从而极大地改变乡村社会关系。

第二，决策者应树立乡村治理向城市治理转变的观念。具体说，要考虑将城市治理的覆盖范围扩大至全社会，不再使所谓“乡村治理”成为一个独立问题。由此出发，今后应更强调城乡基本公共服务一体化，而不是“均等化”。为适应这种转变，城市治理的方式应该做出调整。

第三，应考虑修订《村民委员会组织法》，使其涵盖农村居民。此法修订完成以后，可再行废止《村民委员会组织法》。今后发展民主政治，应有统筹考虑。城市基层民主政治应和物业管理改革结合起来。这是一个新课题，容笔者今后讨论。

（本文与胡冰川合写）

刘庄的共性与个性

新京报记者孙旭阳关于刘庄的报道，已经包含了我要说的话。

刘庄发展“集体经济”获得了成功，不是说经济理论错了，也不是全国人民都错了，更不是中央的政策错了。同样地，中国30年农村改革获得巨大成功，也不是刘庄人做的事情不合逻辑。刘庄人是胜利者。对胜利者不应批评，但对这个胜利却可以分析。

刘庄的成功，并不构成对全国推行家庭承包制的否定。如果刘庄仅仅是农业社区，我敢说，刘庄不会有今天的辉煌。农业生产适合家庭经营，由经营所需要的生产资料也由他们支配、拥有最好。这是一个浅显的道理。人民公社制度背离了这个道理，所以便遭受了失败。刘庄其实也逃不过这个道理。这也是刘庄与全国的一个共性，不过是隐蔽的共性。

但刘庄却真的没有搞土地承包。刘庄有了强大的工业，早已有了“工业反哺农业”的条件。因为工业发展需要劳动力，只有通过农业规模经营才能更多地释放出劳动力，集体经济的维持就为创造这个条件提供了方便。当然，规模经营并非一定要集体经济才能实现，但集体经济制度的确能够更快地创造规模经营。

如果全国每一个村庄都有刘庄那样的工业规模，也许都不必搞家庭土地承包制了，但工业要集中，最好是集中在城镇。刘庄的工业是乡镇企业的“劫后余生”，是不多的例外。所以，全国数十万个村庄不能都像刘庄那样保留农业集体经济。这是刘庄的个性。

正如记者孙旭阳的观察评论，刘庄真正的特殊性在于她有了一个史来贺。对这位人士，很多熟悉他的人都表示了敬意。这样的人，在任何社会都有，但在任何社会都是少数。这样的人总会创造奇迹，而奇迹的性质取决于时代特征和他们的个人生活背景。史来贺很早就有了另一位伟人的引领，走上了他认为正确、辉煌的道路。公允而论，他的确实现了自己的理想，我们应该向他表示敬意。

我所思考的是，为什么像史来贺这样的农村的杰出人士，只有和乡镇企业联系在一起，才创造出辉煌？为什么那些依靠农业为主的社区不能成长出史来贺这样的杰出人物？这是由工商业和农业的性质决定的，更深入地说，也是由人性决定的。公有制这个东西，若放在经济学家所讲的私人物品生产领域，要么走向“异化”，大大地“辉煌”一个时代，要么按照红色教本上的要求，严重地丢失效率，搞得当事人灰头土脸、丢盔卸甲。公有制放在公共品生产领域，若没有民主制度保障它运行，也会走向“异化”。按我观察，以集体乡镇企业崛起的村庄，凡成功地扩张，多依赖家族成员对企业的高度控制，所谓集体决策机制是大打折扣的，这种利益关系的实质性变化可以在一定时期给企业带来巨大经济效益。相反，如果凭借集体成员的“红色觉悟”来维持管理和劳动的积极性，短期有效，长期则一定会走入死胡同。因为乡镇企业的这种“成功”，才养得起集体农业，人们却糊涂地以为不搞土地承包也可以维持集体农业经济效率。在刘庄，史来贺和他的儿子有了“红色觉悟”，就成了刘庄发达的决定性因素。我相信，他们把“红色觉悟”和企业管理的一般规律结合得很好，这是他们成功的秘密。

我没有到过刘庄，但按照我对这类经济体的一般观察，认为刘庄也要有大的改革，实现某种体制的转型，才能延续过去的辉煌。改革要公开透明，不要像有的村庄那样偷偷地搞。能不能善始善终，这是对刘庄现任领导人的考验。

没有强拆，中国会更美好

自愿拆房和强行拆房的关键区别，不是会不会有“新中国”，而是伴随“新中国”产生的利益分配差异。

说“没有强拆就没有新中国”，在特指的意义上还是有点道理的。这里应该特指“新房子多的中国”。但这个“新”中国究竟是好还是赖，却值得讨论。例如，我可以说，若没有强拆，会有城乡景观更美好、社会更和谐的中国。

中国公私建筑物大跃进

有新房子要比没有房子好。30年改革开放让中国人的人均住房面积大幅度提高是一个进步。我目睹有的国家的有些穷人的“房子”，它们是几十块破砖头围成的一个圈，心下不免对我们的成绩感到骄傲。

中国内地一些大城市的户籍人口的平均住房面积超过了东京、香港、台北，也超过了一些东欧国家的重要城市，人家对我们羡慕不已。我国农民的人均住房面积也提高得很快。笔者近日了解到，南方某市某区农户户均住房面积达到了280m²。在局部地区，我国居民的住房单就面积来说已经达到奢侈的水平。

中国各级政府的办公设施水平也提升迅速。如果说我国的公共设施水平与发达国家相比有差距，那么，公共设施中的政府办公设施水平却与发达国家相差不多，尤其是省以下各级政府首脑机关的办公设施已经相当完善，超过发达国家水平的也比比皆是。在一些城市，公共设施已经存在过度建设的情况。

在中国公私建筑物建设大跃进的过程中，“强拆”的做法究竟有什么意义，却值得考量。

“强拆”了很多不该拆的东西

首先，靠“强拆”拆了很多不该拆的东西。一些应该保护的建筑设施被拆掉了。全国有相对完整的古代风貌的建筑物已经所剩无几。一些有纪念意义的现代建筑物也遭遇“强拆”。在欧洲随处可见几百年的建筑物，在我们这样一个历史悠久的国度里反倒难以寻觅。

其次，说不搞“强拆”，新的建筑物、新的城乡景观就不能出现，完全是一个经不住推敲的说法。谁都知道，在同一地方要竖起新的建筑物，必须拆掉旧的建筑物，但关键是如何“拆”。“强拆”会带来新建筑；不“强拆”同样会带来新建筑，甚至可能是更好的新建筑。动动脑筋，这个道理不难弄明白。

我国的确有许多旧建筑需要拆除，否则新建筑起不来。按我的了解，多数农民（包括城里的一些业主）不是不让拆房、占地，而是反对不给合理价格就拆就占。只要有合理的价格，政府规划也认可，一般情况下拆房、占地都不会有问题。在农民不愿意的情况下，那种强拆强占，和抢房抢地差不了多少。

自愿拆房和强行拆房的关键区别，不是会不会有“新中国”，而是伴随“新中国”产生的利益分配差异。如果是“强拆”，农民的利益可能受损害，政府在二级市场以比较高的价格将土地出手，赚了一大笔；开发商借助住房供求失衡产生的高房价，再赚一大笔。大略观察，我们的这种办法导致政府控制的资源越来越多，从而“家大业大”，农民却要用自己的承包地、宅基地“换”安置房、“换”社会保障。如果坚持农民自愿，这些现象想必不容易发生。

强拆导致土地浪费严重

自愿拆房和强行拆房的另一个区别是土地资源的不同利用率。前不久，以国务院发展研究中心卢迈先生等领衔的一项研究表明，我国城市化进程中的土地资源利用率不高，和一些发达国家和地区相比，我们对土地的利用过于粗放，浪费很大。

举例来说，大巴黎区人均GDP达到6.3万美元，开发强度（建筑占地与总土地面积比较的百分率）是21%；大伦敦人均GDP是6.4万美元，开发强度是23.7%；日本三大都市圈人均GDP是3.7万—4.2万美元，开发强度平均只有15%；香港的开发强度为21%；深圳、东莞分别是46.95%和42.3%。在20世纪50年代初，上海市中心区的人口密度每平方公里超过5万人，现在的新浦东地区不过1万多人。全国城市的人口密度基本都在下降。

由此可见，我们这个“新中国”固然很新，以至建筑物到处拔地而起，而自然空间却越来越少了。为什么会出现这种现象？自然与土地价格低有关系，也与依靠暴力解决问题的方法有关系。土地得到太容易了，需求就必然增大，浪费也就难避免。

“强拆强征”要严格限制

有人会说，“强拆”会带来建设的高速度。如果总是商量，把农民自愿作为拆迁改造的前提，建设速度就会减慢。

我同样怀疑这个说法。日本在高速增长时期，也没有搞强征强拆。其实，坚持市场原则，让农民讨价还价，再有一个相对成熟的法制环境，与农民商量拆迁事情，就不会太复杂，建设速度就慢不到哪里去。

在一定情况下，我认为也可以“强拆强征”，但对适应情形应通过法律严格限制。而且即使在这种情况下，也要按照市场价格与农民交易。这就需要对所谓“公共利益”深入认识。

土地使用的公共性是极其相对的一件事情。从理论上说，公共性如同一个渐进波长的光学谱系，非公共和公共之间并没有严格的界限。如果硬要把这件事情界定清楚再去修改相关法律，可能永远没希望。强制征地，或是议价买地，如果以公共利益的尺度做法律依据，也可能左右为难。

实践中的公共利益也很难界定。例如开发区是商业化的，但开发区中的道路是不是公共利益？如果是，则道路用地强行征收，其他用地市场化议价，并允许农民说不？这是一个麻烦。

我看思路要改变：

第一，只能因部分重要公共利益的需要，才可强制征地，且议价要依市场价。一个城市对这类用地要做比例控制，例如，在一定时期的新增城市建成区面积当中，只能有30%或其他合适比例的土地可强制从农民那里征收。

第二，对重要公共利益用列举法界定。如国防设施、高速公路、铁路、城市主要道路、公立学校、公立医院、公共安全等设施的占地，才属于重要公共利益需要的占地。其他如绿地、湿地、图书馆、博物馆、一般性政府办公楼等，即使是公共利益的需要，也要走市场化的路子，不搞强制征地。

如果不这样做，政府总有理由搞强行征地，土地的市场价格就无法形成，征地价格也所依无凭。

为什么道德底线会重压在金钱之下？

2009年10月，湖北长江大学的15名见义勇为的大学生搭人梯救落水儿童，其中3名大学生付出了自己年轻生命的故事在社会上被广为传颂。同时，这件事发生时，现场的几名船主薄情寡义的劣行也遭受了人们的谴责。但是，人们在评论这件事引出的道德话题的时候，似乎意见不尽一致。本人应中国青年报编辑的邀约，谈谈自己的看法。

高尚行为和道德底线

一般而论，人具有趋利避害的特性。如果说，有利于个体生存和发展的条件或资源谓之利，而不利于个体生产和发展的条件或资源谓之害，那么，多数情况下人们趋利避害是人类进化的基本前提。如果每一个人总奉行与趋利避害行为相反的利他主义，人类的进化就完全不可理解。事实上，一切生命体都有趋利避害的特性，唯其如此，生命世界才有蓬勃生机。

但是，人生存在于圈层重叠交错的共同体之中，这使人们之间对“利”与“害”的评价有相当大的差异，并且由此产生了社会行为的高尚、平庸和卑下的区分。当共同体的精英分子所倡导的高尚行为有极大影响时，人们甚至不愿意承认人的趋利避害特性。其实，趋利避害的基础行为与高尚行为两者完全可以并行不悖。

精神健康的人生活在共同体之中，而共同体的整体利益与个人利益有密切关系，所以，人们在某些条件下会不同程度地保护共同体的利益。当一个人爱家庭这样的小共同体时，人们会说他是一个负责任的人；当一个人爱一个组织或一个社区这样的大共同体时，人们会说他是一个可信赖的人；当一个人爱自己的国家这样的更大共同体的时候，人们会说他是一个有远见的人。当一个人的所有的这些爱伴随着自己的巨大的奉献和牺牲的时候，人们会称赞这个人是一个高尚乃至伟大的人。总有人会把爱共同体和爱自己统一起来。爱心在自我和共同体之间的天平上越是向共同体倾斜，人们也越容易领受到社会荣誉。

但是，我们不能希望每一个人都是高尚的人。具体说，有两种类型的高尚，不是每一个人都愿意或可以做到的。

第一种情况是，只有很少的人会把共同体的利益远置于自己个人利益之上，愿意在较大程度上牺牲自己的利益，甚至只有少数人在少数情况下会有这样的行为倾向。这种高尚一般人达不到。

第二种，在较为一般的情况下，一个人在自己不受害或很少受害的情况下愿意无条件地帮助共同体中的其他人，哪怕这个共同体与他的关系并不紧密，那么，这也是一种高尚。对这一点的理解，要有一种科学的冷静的心态。心理学家做过许多实验，证明了这样一种人们似乎不愿意承认的普遍的现实存在：在自己利益不大受害的前提下，且在大的场合下，当一个人不去帮助别人而不会有众人压力的时候，多数人不会去帮助别人；在一个大的场合下，当一个人判断可以有很多人去帮助需要帮助的人，而自己只是其中一分子的时候，多数人也不去帮助别人。无疑，离开这些条件，一个人毅然挺身而出去帮助了别人，那么，这个人也是一个高尚的人，尽管这个人没有付出多少牺牲。换句话说，我的意思是，一个人超越了“大场合围观者道德”，也是一个高尚的人。一个社会的好与坏，可能要看这种人是多还是少。坏人夜晚在大街上强奸妇女，有众多人听到呼救声，但没有人施救，甚至没有人报警，这种现象在发达国家有。我的印象是在我们国家更容易发生。社会心理实验也还证明，在小场合下，即使一个普通人也不大会有旁观者行为，而出于可能的责任心考虑而愿意帮助别人。宽容地说，不做小场合的“旁观者”，就是一个社会的道德底线。

一个社会的道德底线，是人们至少做一个普通的人，而不是高尚的人。当一个人处于危难之中，你有条件施救，且不会因施救而对你有危害，如果你不施救，就会有社会压力，那么，你的施救就是道德底线的要求。如果人人有这样的道德底线，湖北冷漠船夫就不会存在。

事发地湖北船夫的行为是不是违背了道德底线？

在我看来，湖北落水死人事件中，船夫的行为完全违背了道德底线。不要说“社会主义的核心价值”被践踏了，我看任何主义都不能容忍他们的行为。这些人的道德比“大场合围观者道德”要卑下无数倍。

在当时的情形下，有大学生下跪求救，且船夫最有条件施救。如果不救，社会压力非常明显，但他们还是不为所动。这种情形，连资本主义国家的心理学实验也不容易发现。这种现象出现在我们提倡社会主义核心价值的国家，难道不值得我们反思么？

依我理解，社会主义的核心价值，应该是超越“大场合围观者道德”、崇尚高尚和牺牲的价值。这种价值在任何国家都会受到赞扬。任何国家都希望自己的国民超越“围观者道德”，做一个前述的第二种类型的高尚的人，不唯社会主义国家如此。

有人说，船夫的道德是市场经济的原则，我对这个说法不以为然。市场经济的基本原则当然是等价交换，而交换的反复进行必然在社会上产生诚信的社会风尚。市场经济良好运行的前提是尽可能地降低交易的成本，其中包括了道德风险产生的成本。所以，市场经济条件下的主流意识形态还是会支持道德完善的。

在市场经济发达国家，许多事情做得很好，但并不是靠市场交换。这也包含了一种信念：世界上总有些事情是不可交易的。由道德底线确定事情不可交易。超越道德底线以上，如果用交易的办法确定一个人给共同体的贡献，也谈不上高尚。一个共同体为个人服务，个人给共同体“纳税”，这里头有了守法公民的义务，谈不上高尚。事实上，在市场经济发达国家，公民参与各类共同体，并可能向它们做出财物贡献，堪属高尚之举，其中，并没有金钱交易的含义。

为什么道德底线会重压在金钱之下？

前面已经说了，我们希望在我们这个社会，大部分民众的道德能超越“大场合旁观者道德”，有一点高尚的情操。至少，我们绝不希望有很多湖北船夫那样的无良之人。动辄张嘴要钱，做任何事情都要看钱多钱少，如果没有钱，就是举手之劳的事情也不愿意去做，这样的人少么？从最近的舆论看，这种人不少。湖北船夫在小场合之下不仅做了“旁观者”，突破了道德底线，还出言恣肆，以为社会道德标准向着自己，向社会良知发起挑战。我们的确应该认真思索，究竟为什么道德底线被重压在了金钱之下？

首先，我认为需要反思我们体制方面的弊端。我们国家缺乏自治的传统，相应地，我们的国民也缺乏共同体的责任感，特别是缺乏家庭之上的社会共同体责任感。特别在改革开放前，公权一统天下，满足了心理学实验中的“大场合旁观者道德”存在的条件，滋养了人们依赖公权解决一切公共问题的心理倾向。公权过度扩张，不是在培养人们的公共意识，相反，却助长了人们推卸责任的小民心态。在社会自治程度比较高的情形下，人们的公共责任有了大小之分，而不会总是存在雷同的“大场合旁观者道德”发生的条件。改革开放使我们在竞争性的经济领域有了分权和多元化，但公共领域的分权程度还比较低，而道德问题正发生在公共领域。所以，深化公共领域的改革，不断增强社会的民主程度，尽可能地下放过度集中的公共权力，广泛推进社会自治，有利于人们的道德升华。

其次，鼓励国民守住道德底线，并争取做一个高尚的人，需要一个社会集团来起示范带头作用，而不仅仅是树立少数几个模范人物。从一些社会文明程度比较高的国家看，公共部门的官员最应该发挥示范作用。在官员集团中，不仅仅应有少数几个焦裕禄、任长霞式的观赏形象，还应该让整个官员集团在总体上成为高尚行为的示范，至少，他们应该是能守住道德底线的人。然而，在目前形势下，人们似乎不敢有这样的奢望，只要官员们不搞腐败，民众就要烧高香了。毋庸置疑，教育官员克服官僚主义，不搞腐败，至少做一个守住基本道德底线的人，有助于匡正社会风气。

最后，我们还要充分认识到惩罚失德行为的意义。对于“大场合旁观者道德”，社会舆论不应该熟视无睹，而应该提倡人们提升道德底线，尽量做一个有点高尚情操的人。对于“小场合旁观者失德”行为，社会应该谴责，影响恶劣的应该给予惩罚。失德行为发生在公务人员身上，应该给予重罚。

要在以上三个方面获得进步，可能是一个比较漫长的过程。我们的社会处在由传统社会向现代社会的过渡时期，我们的国民道德也处在长时期的历史转变过程中。新的社会主义核心价值和道德标准的建立不可能一蹴而就，但只要我们认真做事，特别是政治家们不遗余力地推进社会改革，我们离目标就会越来越近。

谁送神，谁接神

要把贪官和求神拜佛联系在一起，似乎是一件难事，可这样的事情偏偏不少。几年前河北一名大贪官就一边受贿，一边往庙里大把施舍。最近有报道说，陕西商州一名贪官在大肆卖官的同时痴迷于烧香拜佛，多次前往全国许多大寺院，花费达几十万元。按说不该这样。佛教欣赏看破红尘，受戒修行；而基督教的一句名言则称“富人上天堂比骆驼穿过针眼还难”。可事实却是暴富者偏要求神，而神职人员又很乐意为富人服务。这当中自然有其奥秘。

这些年，经济发展快了，神像造得也大了。先是有无锡的灵山大佛起来了，100米出头，蔚为壮观。但很快就有海南岛的南山海上观音像在高度上超过了灵山大佛。这个纪录没有保持多久，到2002年，在河南省平顶山所辖的鲁山县境内出现了一座高达153米的“世界第一大佛”，佛体为金属铜铸成。听说这个大佛的建造并非人人说好，连建造者也不放心，曾将它称作“墨子铜像”。

我去过无锡灵山大佛那里。说实话，看那佛像气势逼人，心下颇感震撼。大佛前下方有一座机关复杂的设施，启动以后佛乐轰鸣，水雾氤氲，立时尘世遁去，空灵万方，仿佛身心的每个细胞都领受了神力的荡涤。但这只是刹那间的感觉。

人本质上是渺小的，问题是人常常忘记这一点。当人们面对宏大的物体时，特别是面对那些超乎自己想象的宏大物体或猛烈爆发的自然事变时，人必然强烈感受到自己的渺小。孤身一人面对崇山峻岭、浩渺大海，都会有这样的心理感受。这与对大佛产生的感受不会有多少差别。只要人能感受到自己的渺小，心下的贪欲就不免可笑，世间名利也不免显得无足轻重。

当然，事情也不是这样简单。宏大的东西一旦成为常态，也就容易被熟视无睹了。鲁滨逊天天面对大海，也不见得就有道德自律的情结，还总想着占点

“星期五”的便宜。供奉大佛的神职人员，也不见得就净了六根，潜心皈依佛门。南北朝时有的国度求神拜佛之风炽烈，却同时也是政坛腐朽、乱象迭起的时代。神这个东西还是不能解救人于贪欲的苦海之中。有时看起来是神在发生作用的事情，其实真正起作用的是神背后的人。

人贪欲之可怕还主要不是对自然的掠夺，而是人对人的奴役。如果离开了人际关系，离开了人创设的制度，单纯地使人和自然发生关系，人之强大以及人际间的强弱差别是不容易显现出来的。这个时候只有自然的强大。面对自然的强大，人会崇拜自然神。各民族都有过不同的且数量甚多的自然神，那是多神教的时代。

人与人的差异会在人际关系中被放大，其中，有的人指挥千军万马，有的人拥有巨额的货币财富，而有的人则或为奴隶，或为乞丐。论开荒种地，强者两三倍于弱者；而论通过市场聚敛财富，富者可亿万倍于穷者。这种情况不仅让穷人深感迷惘，其实也让暴富者困惑，而迷惘、困惑以及恐惧正是求神护佑的重要动因。

在我们这个世界上，暴富现象的出现，大抵有三个方面的原因。一是因出身富贵家庭先天就成了富人。二是利用制度缺陷巧取豪夺又逃避惩罚而聚敛财富。三是因赶上了技术革命浪潮，那些选了合适专业、进了合适行业的有胆识的人成了富人。前两种人容易拜佛求神。这倒不是说他们心存悔意，认为自己得了易得之财。他们遭遇了一种偶然性，或者如学者们喜欢讲的，他们面对了极大的“不确定性”；他们的暴富不是一种常态，因而心存不安。这正是人求神拜佛的要件。人降生于何种家庭完全是一种偶然事件，它在个人选择的可能性之外。而制度缺陷在创造富豪时，也有相当大的不确定性，当事人的命运完全可能冰炭两端、旦夕祸福。他们求神的潜意识，是要冥冥之中的神力把原本不确定的和难以理解的东西固定下来，抚慰他们不安的心。

盖茨暴富以后没有去建大教堂，只听说他大规模献出资金搞慈善事业。而在中国建大佛者，是一些暴富起来的大财团。这些大佛建起来以后，其面目多少有些狰狞。我在某地曾参观过一座由某大财团兴建的宏伟寺庙。那老板花了大价钱收购或租用了不少神器，其中还有所谓的“舍利子”。庙堂里陈列了不少经过“开光”的小佛像，据说善男信女们可花数千元钱将它请回家里去，以守住他们的富贵。我相信，穷人和这些神器是没有缘分的。

我断言，目前我国求神拜佛的风气大大地过头了。谁在争先恐后地求神保佑自己？是非法暴富者和贪官。谁在肆无忌惮地送神以抚慰恐惧的心灵？是我们的制度缺陷。小民也可能求神拜佛，但他们不会挥金如土。我们该大力矫正自己的制度，不让我们的制度迎合某些暴富者畸形心理的需要。当出身何种门第不能选择时，遗产就应该是公共品，以适当的税率征收遗产税就很有必要。而制度更是公共品，当我们的制度还给巧取豪夺者提供暴富的机会时，我们就该不遗余力地弥补制度缺陷。有了这样的制度革新，我们的国土上就会少一些大佛，多一些博物馆和原生态的自然风光。

户籍制度：你伤害了多少小小百姓?

中国的户籍制度饱受诟病。这类制度对于权够大、钱够多的人不是问题，但对小小老百姓则可能是一个伤透心的问题。这不，网上有帖子哀叹：没想到读了几年大学，把自己读成了一个黑人！

按现在的户籍制度，一个农村孩子在读完大学后，很有可能变成一个怀揣户口卡的人，也即一个“黑人”。

按现在的规定，一个孩子在进入国家普通高校时，由大学接收他的户口，入了大学的集体户籍，而不是大学所在的城市居民户籍。又按有关法律规定，国家在农村地区实行“增人不增地，减人不减地”的政策；但法律同时又规定，一个户口是农村的人，在他的户口转入所去城市时，村集体可以收回他名下的承包地另行发包。所以，如果一个农村出身的大学生想要在毕业时重新落户到原村庄，很可能被拒绝。当然，国家没有禁止村集体接纳返乡的大学生，但如果这个村集体有很大的所谓“集体福利”，而村领导又不是大学生的亲爹亲妈或三姑六姨，就会拿一大堆理由拒绝这个大学生。

这个大学生所在县市难道就不能接收这个大学生，并给他注册市民户籍么？好像也不能。派出所会提出一个最难达到的要求：你在市区必须有固定住所！可怜的大学生刚出校门，他没钱租房，更没钱买房。他当初呱呱坠地时落在了乡村，只有那里有他爹娘的房子。

这个大学生自然会骂娘，会愤怒。不过，这个大学生如果能想到比他还命运不济的农民工，也许就会平静许多。保守地说，在中国所谓的农民工中，有10%左右的人在城市有固定住所，且不是违章建筑，还在城市尽了纳税的义务，但他们照样没有城市户口。

让我们幻想另外一种情景：

第一，这个大学生的爹娘虽然是农民，但他们在人口登记的权利上与城里人一样，只不过他们是“城外市民”，职业是农民。

第二，这个大学生的爹娘虽然是“城外市民”，但他们没有给政府添太多的麻烦，没有造成政府多大的财政负担；他们的收入不多，只享受了政府补贴之下的基本医疗保障和未来的基本养老保障。城里的穷人也是这样。而那些城里的有钱人要有高的保障必须购买商业保险，若他们不是政府雇员，这个钱按照法律由他们自己和他们的老板掏腰包。对此，这个大学生的穷爹娘并不嫉妒。

第三，这个大学生在家里时享有的土地承包权是永久产权，不因为他上了大学就被什么人夺去。他大学毕业若找不到工作，可以耕作这个土地。

第四，若这个大学生在毕业时不想务农，他可以将自己的土地租给别人，或者干脆卖给他人。他还可以在退出村集体时，把自己的那份“集体福利”货币化，换一笔钱。这样，他有可能拥有在城里买房的首付款。当然，前提是中国城市房市不是世界上最贵房市之一。

第五，人口登记制度的基本规则是按人的常住地注册户籍，这个大学生住在那里，户籍登记就在那里。他没能力成为北京上海的常住人口，笃定有能力在家乡做一个常住人口，因为那里有他爹娘的老宅。

第六，这个大学生若一时找不到工作，他可以领失业救济金，但政府会考虑他的地租收入，扣减他一部分失业救济金。这个大学生在职场竞争中终究会找到一份工作，他不愿意长期靠微薄的失业救济金度日。要知道，现在农业领域的雇工，日工资也多在80元以上。

这个大学生要遇到以上的制度，需要多大的造化？按说不需要。设计上面这样的制度，既不需要反腐败，也不需要送干部到哈佛大学学习，平常智慧、平常事业心就够了。

也是平常智慧，会对上面的制度的可操作性提出一些疑问。但解开那些疑问还只需要平常智慧。

中国户籍制度改革本来不是难事。可怜这位发帖子的农家出身的大学生，学了一肚子的知识，却过不了低于平常智慧含量的制度的坎。当然，这不是他的错。世事就是这样，智慧往往苍白无力。

写到这里，我的乐观主义神经又诱发了脉冲电。这个户籍制度用不了5年就会全面垮塌。公安部官员早已透露过开明的想法，现在需要地方政府大胆创新。而现实是，中国正在进入一个“争户口”的时代。在竞争的作用下，即使傻到家的地方领导也不会抱残守缺，一条道走到黑。我更乐于相信市场的力量。

第三篇　工具理性

对现实的批判需要建设性。由渐进改革成功地实现社会转型，并不是天方夜谭。本篇收录的文章以建设性态度针砭时弊，期盼中国改革能继续前行。

对中国城市化应多维度观察

近期媒体披露了几条关于城市化问题的消息，其中关于“伪城市化”的说法似乎最引人注目，而我则关注被披露的国家统计局局长马建堂的几句话。他表示，未来10年里，中国及其他发展中国家将加倍努力，尽快赶上发达国家的统计工作水平，而中国的努力目标之一是推进城乡住户调查一体化。我愿意把马局长的这番话看作经济研究者的一个福音。

经济研究专家离不开官方统计数据，对中国城市化的判断与预测尤其如此。钱再多的课题组，也不会比国家统计局掌握的数据充分。数据的可靠性也不会比他们的数据好多少，除非是一些小样本的补充性调查数据。统计数据有了系统性偏差，或不够准确，专家的话就可能是白扯。关于中国城市化水平的判断与预测，就面临这样的窘境。

如果按照户籍来确定中国的城市化水平，前几年专家还有数据做依据，现在难了。一些省份或城市已宣布取消农业户籍和市民户籍的差异，以至现在难以判断全国究竟有多少户籍农民。因为以一纸文件做个宣布容易，真要统一城乡居民的各项权利很难，我们大致还可以用历史数据推测出没有享受市民权利的“农村居民”的数量。粗略估计，户籍城市化率现在应该在32%上下。

国家统计局发布的城市化率数据约为46%。专家对这个数据有质疑。大略来说，在城市和建制镇居住半年以上的人口被看作城市人口，于是有了这个数据。但住在城市的农民工及其家庭成员大多没有获得平等的市民权利，而建制镇居住的人口中还有大量务农的人口，他们被认为不是真正的市民，所以，就有了“伪城市化”的说法。

我在这里要提一个人们不大使用的城市化概念，叫做“产业城市化率”。大略说来，制造业、运输业、矿业和其他服务业基本集中在城市，这些产业在国民经济中的比重，可看作产业城市化率，现在是90%上下。有人怀疑，10%

的农业增加值是54%左右的“农民”创造的，他们没有住在城市，因此，90%不应该是城市化率的指数。这个说法有一定道理，但不充分。如果我们用劳动时间来做分析的依据，那么，我粗略计算，10%的农业增加值，也就用了10%左右的国民工作日。在做这个计算时，我对农业生产的工作日的估计比国家统计局的数据要小，而对城市职工加班时间的估计要比他们长。特别是城市服务业的加班时间很长。

还有一个估计。我国农民的收入如果按工作日的工资单价算并不低，可以超过城市服务业的工资单价。例如，种植小麦的日工资单价可在80元左右，而北京市的加油站人员的工资单价大约在45元左右。农民的工作日总量占国民工作日总量的20%左右，他们创造的农业增加值占全国总GDP的比重是10%左右，这表明农业劳动生产率相对较低。如果由这个计算说明“实际就业的城市化率”是80%，也是比较高的。

当然，城市化率作为一个常用经济概念，是用来反映人们居住的地域情况的，从这个意义上说，国家统计局的概念是最恰当的。住在城市的算城市居民，住在农村的就算农村居民，不应考虑其他因素。但这个很“有道理”的意见若用在发达国家基本没有问题，用在我们国家却的确有问题。农村应该主要居住农业人口，但偏偏我们国家的农村住了大量脱离农业的“伪农民”，而在城市又住了很多“伪市民”。进一步说，我们不清楚究竟我国有多少以务农为主的“真农民”，也不清楚我国究竟有多少居民脱离农业的“伪村庄”。前不久我去了南方某市，那里很多村庄基本没有农业，而全市的务农增加值占全市GDP不到2%，但政府方面却把近乎一半的人口看作农民！

我们的确有很麻烦的信息失真问题。我们成天讲城乡差别，成天讲农民收入低，但却不很清楚农村和城市的实际边界，也不清楚农民和非农民的实际边界。这种情形已经影响到国家政策的实施效率。一些大的村庄应该按照新城市来建设，但我们却把它们按新农村来建设；一些“假农民”应该纳一些必要的税，但却享受了免税待遇，并得到了支农政策的眷顾，而对真农民的支持力度却不得不减少。按一定口径计算，我国每亩地平均得到的“支农”帮助甚至超过了某些发达国家的水平，但一些资金帮助实际上却跑到了非农民的口袋里。我国“三农”投入总量甚至超过了欧盟的支农水平，但真正的农户得到的好处却不足欧盟农户的零头。

说了上面那么多话，是想表达一个意思：46%的城市化率是大是小、是假是真，可能不是太要害的问题；而真正的问题是数字后面的结构性意义。换句话说，问题不是数量估计太高或太低，而是性质把握有没有偏差。今后的城乡一体化政策要解决职业区分问题，让脱离农业的居民变成真正的城里市民，把真正的农民变成“城外市民”。大家都是市民，只不过农民在城外工作而已。自然，实现这个目标不能一蹴而就，但政策调控的方向应该明确。为了这个工作做得更好，国家统计局的确应该做好统计口径和统计方法的调整工作。

调节劳资关系是中国转型时期的一件大事

2009年4月，国际连锁业大亨麦当劳和肯德基的用工问题引起了国人关注。这两家大企业究竟在什么程度上违反中国政府关于使用劳工的法律法规还有待管理部门调查确认，但它们在一些城市给工人支付的工资低于当地法定最低工资水平，似乎已是不争的事实。其实，类似的企业在中国为数不少，只是国际著名企业的行为更引人注目而已。在政府有关管理部门对企业用工行为监管不力的情况下，由社会舆论部门关注这件事情，对于促进这方面问题的逐步解决有重要意义。我们还希望对企业用工行为的舆论监督不断走向深入，并促进政府有关部门在这方面能更有所作为。

从全国范围看，企业用工行为存在严重问题。至今一些国有企业没有统一的用工制度，劳工被区分为“正式工”和“非正式工”，企业内部不能实行同工同酬。私营企业中比较普遍地未能实行每周40小时工作制，职工加班时没有按照国家规定获得合理报酬。更有一些企业对政府设立的最低工资标准置若罔闻。有的企业还在使用童工或变相使用童工。有的企业没有必要的劳动安全设施，劳动场所不符合健康工作标准，给职工身心健康带来极大损害。在少数地方，有的不法企业主居然实行“奴隶工场”制度，肆意压榨工人血汗，威胁工人生命安全。我们还可以看到，甚至在不少政府部门也存在干部工作时间过长、加班不能获得合理报酬的现象。所有这些现象意味着我国劳资关系的调整已经到了刻不容缓的地步。

调整劳资关系对于促进我国经济又好又快发展，加快我国和谐社会建立的步伐，保障我国顺利实现社会结构的转型，有极为重要的意义。工人工资水平过于低下不仅损害了工人的利益，也给我国宏观经济结构平衡带来严重问题。由压缩工资水平形成的我国出口产品的“竞争力”致使国际收支中的外汇盈余过于庞大，也挤压了国内市场的扩大，使国内居民的实际福利水平降低。工人的劳动时间过长和工资水平过低还人为地扭曲了劳动力市场，造成虚假的劳动力需求不足的现象，使大量失业人口难以找到工作。从已经披露的一些资料推算，如果现有企业能执行国家关于劳动时间的规定，我国就业可增加4000万人左右（不考虑因工作上升产生的对资本对劳动的替代）。此外，一些家庭因为工资水平过低还影响到了正常的劳动力再生产，子女的健康成长得不到保障，形成年轻一代成长中的社会裂痕。

影响我国劳资关系调整的许多原因当中，我认为最重要的方面是一些政府部门不能严格按照国家法律法规对企业用工行为进行监督。现实中甚至有一种由“囚徒困境”理论所描述的恶性循环机制在起作用。一些地方政府为了吸引投资，用不正确的理念来保护自己的“投资环境”，结果放纵了一些企业对职工的肆意盘剥。地方政府在“环境”方面彼此竞争，纵容企业克扣工资，最终形成的宏观环境益发加强了资本的力量，使工人处于越来越不利的地位，也给地方“改善”投资环境带来更大的压力。所以，解决问题的关键是地方政府严格执法，真正在企业监管中落实中央“以人为本”的施政理念，不要在资本和劳工之间厚此薄彼，过分疼爱资本。要懂得，过分疼爱资本最终会害了资本，因为低工资低福利只能保证资本的一时之欢，长远看它们会牺牲效率、丧失市场。

情况也有向好的方向转化的一面。国家将出台促进就业的法律，这部法律将有利于更好地调节劳资关系。国外市场也时常会传递“用工文明”的信息，给我们的企业善待劳工增加压力。近年来，我国劳动市场形势发生了变化，劳工的结构性短缺已经成了持续性的现象，一些地方甚至还出现了普通劳工短缺，这种情形也给资本方面带来压力。但愿在调节劳资关系方面有更多的积极因素出现，使劳工得到更多保护和关照，使资本的生存更加合理合法，也减轻关心国家事务的政治家因劳资关系问题而存于心头的压力。

改革“试点”工作要法制化

在社会经济领域所进行的改革，很多情形下是冲破既有制度束缚的过程。有的改革还和既有法律形成直接冲突。当出现了这种情形，这些改革可能引起法律纠纷，给法院裁决带来麻烦，也造成利益关系的紊乱。在更多的情形下，我们的改革会进行一些“试点”，这也有可能和既有法律发生冲突。

搞改革，当然难免与既定法律发生冲突，并需要对一些不合时宜的法律作出修订，甚至需要废除一些法律。但在法律还没有修订或废除之时，政府职能部门安排的改革试点难免影响到法律的严肃性。如果试点工作不规范，有时候也会影响到政令通畅，降低国家行政效率。能不能有一种制度安排，既能给改革试点开绿灯，又不妨碍法律的严肃性？笔者认为这个问题很值得考虑。

目前各类改革试点的确存在不少问题。一是一些不需要的试点也去试；二是有的试点工作安排的时间过长；三是有的试点铺的面太大；四是有时试点的随意性比较强。例如，中共十七届三中全会决定要实行土地承包权的长久不变，到现在也没有修改相应法律，只在个别地方安排了试点。这个改革很急迫，全国人大常委会可先修订法律，由各地自己出台细则去贯彻新的法律。各地只需要经过短期试点就可以出台实施细则。再如，省直管县的相关试点工作也有很长时间了，该有个结果了。还有，重庆和成都的城乡统筹改革试点也时间不短了，有的做法比较成熟，也应该向全国推开了。

改革试点工作如果能实行法制化、规范化，有可能更好地推进改革。笔者以为要注意以下几个方面：

第一，对于与既有法律有冲突的改革试点，有关部门可请求全国人大常委会授权。授权以后，试点地区的试点方案可替代相关法律条文，具有法律效力。全国人大常委会可建立相关机构（如改革委员会），专门审查试点方案、跟踪试点过程、拟议法律的修订办法。或者全国人大常委会可赋予其下设委员会以授予权，令其统筹试点工作。

第二，试点工作应该有期限。一项改革试点，不能无限期进行，最后不了了之。试点最长不应超过3年。重大的改革试点可分项进行，尽量避免搅合在一起、相互掣肘。改革试点结束以后，应该形成总结报告，明确试点内容是否可作为立法或法律修订的依据，或作为政府工作条例。这一点很重要。我们的试点工作的期限太不确定，先试就有利益，以致其他地方拼命想挤进试点范围，造成试点失控。

第三，有的改革可以不搞试点。有些方面的改革在事先可做一些调查研究，对实施方案可做多方面论证。方案基本成熟以后就可颁布实施，不必试点。例如，前些年搞扩大乡镇自主权试点，到现在也没有形成可供全国实施的方案。依笔者看，这项改革就不必搞试点。

第四，试点工作要有程序。对一些试点工作相关部门应全程跟踪，并做阶段性评估。涉及中央和地方权益划分的试点项目，分工与责任应明确。试点的主管部门也应明确，不能几个部门扯皮推诿。

第五，试点的范围应明确。没有被列为试点地区的地方，应按既有法规办事，不得随意出台政策与既有法规相抵触。只要试点工作有个时间安排，非试点地区对改革有个盼头，也不大可能自作主张搞试点。

第六，试点应合理确定各级政府权限，特别是中央和省级政府之间的权限。与国家法规相抵触的改革试点应由中央直接安排，与地方法规相抵触的改革试点可由地方安排。

按以上原则来安排改革试点，看起来会使改革速度减慢，其实不然。这样做可以减少改革摩擦，明确改革责任，防止试点工作的疲沓，减少地方的机会主义行为，从而更有利于积极稳妥地推进改革。

高深的空话如何害人

一群鹿获得了一份情报，说山那边的老虎数量增加了，那边的鹿群正在遭受灭顶之灾。鹿群的头领担心，若老虎发现了这边的鹿群，必然要过来猎杀。鹿们商议如何应对这个危机。一只学富五车的鹿博士说：根据达尔文的进化论，鹿的遗传基因必然会发生变异，总归有一天会变得比老虎还强大，所以大家不必害怕老虎，该干啥干啥。于是，鹿们照旧四处游逛，没有一点防虎之心。那边的老虎很快就过来了，这群鹿不久就成了虎口之食，只有几只跑到别处。——这是我杜撰的故事，以鹿的错误比人的浪漫主义错误。

有“谎言说过一千遍就会变成真理”这样的黑色谚语，说明空话、假话也是很可怕的，但多数情况下空话、假话不容易令人相信，所以危害也不是太大。例如，那群鹿十之八九看见了老虎，只有鹿博士说老虎不存在，鹿们自然不会相信它。就怕空话讲得很高深，讲得神秘莫测。这类空话会让人头晕，让人信以为真，后果就可怕了。鹿博士错在了对时间的把握。当然，鹿群是会进化的，说不准什么时候会进化得比老虎还强大，但问题在于这个鹿群等不到那一天就遭难了。在我们的现实生活中，常有人讲高深的空话，犯鹿博士的错误。

最近，我国媒体上又有了关于计划生育政策要不要坚持下去的争论，我看到反对这项政策的一些先生就讲了神秘莫测的空话。他们说，不要担心人口多会引起就业问题，理由是人口数量的多少与失业率并没有什么关系，当一个国家、一个社会出现大量失业人口或过剩人口的时候，不是人口出了问题，而是社会出了问题，要改革的是社会制度而不是要减少人口。这理由看起来很雄辩，由不得人不信，但仔细想一想，可看出这属于高深的空话。如果不考虑时间因素，这道理是对的，但时间却是致命的因素。一个社会失业严重，至少有社会方面的原因，因此，社会变革是重要的，这没有错。但社会变革是一个缓慢的过程，而人口增长却是一个快变量。真实的事情是，我们还没有等社会变革到能安全调节失业率的程度，人口已经先多到让这个社会出了大麻烦，以致成为影响社会变革的负面因素，使这个社会在一定时期里陷入恶性循环。这可不是危言耸听。

我们国家少说也从鸦片战争开始了创立现代制度的变革，直到现在我们还不敢说这个变革已经完成了。但我们的人口变化却很快，我们的多子继承制是一个很能繁殖人口的传统。土地的自由买卖和人口自由迁移的传统也在帮助人口增加。古代中国的“家族共同体”也比西欧的“领主—农奴共同体”更具有人口繁殖的动力。所以，只要是和平环境，多子多福的生育观念就加大马力制造人口。在新中国成立以后不算太长的时期里，我们的人口就迅速多出了一倍。要不是30年前开始实行计划生育政策，现在不知道成了什么样子。过去的30年我们的社会制度变革也不算慢，但还不足以形成一个自动使资本和劳动之间建立合理比例的社会体制。大略来说，30年前决定我们实行计划生育的社会条件，至今还有一些没有消失。当然，过了30年，计划生育政策在技术性方面也需要作出调整，但它作为基本国策还是应该继续坚持。这个政策，利大于弊。

以经济史研究见长的美国经济学家诺斯很重视人口因素对一个国家长期进步的影响。现代化的过程是不断地将人从传统产业抛向街头的过程。好些国家在近代史上因为走了不同的解决失业问题的道路，而遭受了不同程度的悲剧命运。这个过程中的政治家看起来多少有些类似瞎子摸象，而不大顾得到经济学先知亚当·斯密的说教。偶然因素对命运的支配常常比我们想象的严重，使得一晃几十年过去了，我们的制度变革还在原地打转。在过去60年里，国家的行政资源的确用来干了许多荒唐事情，但也干了不少值得称道的事情，特别是后来的30年。如果不搞计划生育，单等社会变革到了一定水准以后自动地解决人口就业问题，恐怕我们今天已没有机会谈论这个问题了。

在一般政策讨论中，高深的空话是难免的。知识结构中有盲点的情况人人都存在，所以谁都免不了讲讲高深的空话。多一些充分的公共信息披露，多一些自由讨论，是减少高深的空话的基本办法。但我们害怕高深的空话被系统地制造出来，也害怕这些高深的空话已经被揭穿了，还流行于肆。例如，保护耕地和计划生育一样，也是我们的基本国策，但这项基本国策落实起来却不那么有效。在计划生育上，中央和地方的行政资源都可以利用，但在保护耕地上却只有中央的行政资源可以利用，所以，它们的结果就迥然不同了。其实，改起来也不难。如果耕地所有权归了农民，并在全国范围里实行“放开产权，管住规划”的基本政策，保护耕地就多了比行政资源还要强大的力量。但偏偏是一些高深的空话在束缚我们的头脑，不让我们向前迈一步。在一些人的脑袋里，耕地公有制的一切弊端都可以通过加强管理来克服，而耕地私有制则会让一切管理手段瓦解于无形之中。这种高深的空话成了思维定势，似乎不到山穷水尽的程度就改不过来。尽管如此，我们还是要不懈地努力，想办法让他们改过来。

更自由的市场经济　更民主的社会主义

中国改革开放30年，是令中国人扬眉吐气的30年。30年风雨兼程，中国人昂首挺胸走过来了。我们也彷徨过，也悲伤过，但我们没有停下前进的脚步。我们有过挫折，走过弯路，但我们从心里检讨了自己的过失，继续背负历史的包袱毅然向前走去。就像原野上的狮群，虽然我们的队伍中有强有弱，有利益纷争，但我们身沐先贤智慧，熔融自强精神，铸就了我们改变历史命运的共同意志，向着光明未来迅猛奔跑。

我们骄傲，是因为我们一并扼住了无所作为的犬儒主义与狂妄自大的浪漫主义的咽喉，使理性启蒙的旗帜高高飘扬。让人们说我们不懂现代工业的纪律吧，我们正在创造世界上最大的工业体系；让人们说我们受困于奴性文化的基因吧，我们正在开辟中华民族有史以来最为开明的时代；让人们说我们无法摆脱离心离德的宿命吧，我们已经创建了有史以来地方自治程度最高而国家整合力量最强的体制。尽管这些成绩还远不能令我们满意，与成绩俱生的困难还有待克服，但这些成绩已经足以使我们树立信心，继续前进。成就来自我们的精英政治家果断抛弃了命令经济体制和传统社会主义教条，明智地选择了自由市场经济体制和民主社会主义道路，而我们的人民以其勤劳和智慧承接了这一历史转变所产生的阵痛，为当代制度文明在中国降生编制了生命摇篮。

选择自由市场经济和民主社会主义是我们的运气。30年时间在人类历史上似乎是难以充分展开历史规律的一个瞬间，偶然事变要拉我们回到几十年前的历史时段决非没有可能。但我们竟然在一阵一阵反对改革开放的喧嚣声中挺过来了。逆流而起的浪头没有把我们打晕，我们总是拨正船头迎向正确的航向。这难道不是奇迹么？反观当今世界的许多国家，它们尽管宣称已经加入了世界自由贸易体系，但连一个像样的电焊工也培养不出来，几乎不能生产出可贸易的工业品。他们有一纸民主政治的宪法，但却陷入部落流血冲突不能自拔，枪支弹药成了政治家登堂入室的选票。我们成了幸运者。之于市场经济，我们不仅接受了世界通行的自由贸易规则，还成为了影响世界市场的贸易大国；之于社会主义，我们已经确立了赋予其灵魂的民主政治理念，建立民主社会主义国家正在成为全党全社会的共识。

选择自由市场经济和民主社会主义更是历史的必然。好运气由自然规律连缀成历史的必然性。人类历史的经验证明，人性的基本面是不可以改造的，尽管人的道德水准和文明程度可以获得提升。人为了自身福利的提高，必然选择专业化的生产方式，而市场交换又使人由专业化的生产者成功转变为全方位的消费者。市场交换越是自由，这种转变的效率就越高，人的福利水准也就越高。于是，自由市场经济制度成为当今世界最具有活力和竞争性的制度。自由市场经济需要秩序和稳定，秩序的维护需要权威，最有效的权威行使者是政府，而最具活力的政府又是民主政府。民主政府维护市场秩序的最基本目标是自由、正义和稳定。民主手段与自由、效率、正义和稳定诸目标相结合，构成民主社会主义最基本的政治市场准则。这一套政治范式不仅被当代具有民主社会主义倾向的思想大师罗尔斯所推崇，其积极意义也被近代世界主要国家的历史经验所证明。

然而，我们的经济成功是初步的，我们新的民主社会主义理念尚待化为具体的行动目标，所有未来的改革都需要精心地安排以化解改革的巨大潜在风险。

支撑市场经济有效运转的首要因素是市场的自由竞争，按这个要求我们的市场经济还远不够自由。资本市场由少数国有部门垄断控制的格局尚未打破，资本流动的社会化程度还很低。土地所有权制度从根本上说还是一个低效率的制度，土地产权市场不存在，而土地使用权价格被严重扭曲，不能反映土地资源的稀缺性，导致我国土地资源浪费惊人。劳动力市场也被遭人唾弃的户籍制度所分割，劳资关系中劳动一方的权利保护严重弱化，以致我国宏观经济平衡受制于微观经济缺陷，大大降低了政府宏观调控经济的能力。建立更自由的市场经济，必须从要素市场的更加自由化入手。

历史经验证明，建立民主政治是社会转型中的惊险一跳，但我们必须跳这一跳。我们不能胆怯，也不能鲁莽，更不能坚持浪漫主义。我们已经为民主社会主义做了一些事情，但那只是一个开头，一种热身。在既定的法律框架下，我们还可以做许多事情，使民主社会主义终极目标的实现更加平稳。民主政治的精髓是政治市场的适度竞争、政治家的职业化以及地方自治权利的加强，我们要寻求政治谋略，精心设计改革程序，通过渐进改革为实现这些目标创造稳固的基础。改革不能一蹴而就，但也不能无所作为。我们期盼当代中国政治家在中共十七大以后迈出政治改革的稳健步伐。

30年的渐进性改革开放得益于一个“放”字。我们把容易做的事情做了，却把难做的事情留到了现在。调整中央与地方的关系、国家与社会的关系以及资本和劳动的关系，以建立成熟的自由市场经济和民主社会主义社会，是未来中国政治家的基本任务。完成这些艰巨任务单靠一个“放”字已经不够了。我们期盼中国政治家的胆识与智慧能够和中国人民的勤奋与宽容相结合，成功地走向未来，迎接中华民族光辉灿烂的前景。

坚硬的腰带

“勒紧腰带过日子”被用来形容普通中国人的生活状态，其实它也可以用来形容中国国民经济的运行状态。束缚中国经济的腰带是高储蓄率、低消费率。这是一条坚硬的腰带，坚硬到能要中国经济的命。

腰带勒得过紧，要么会勒死人，要么会绷断腰带。但勒在中国经济肌体上的腰带很坚硬。它像一副手铐，只是勒在了腰上。它有一种自紧的机制，除非有一把钥匙打开它，否则它会要人的命。

三种因素聚合在一起，构成缠绕在中国肌体上的坚硬的腰带。

第一是低工资和长时间劳动。一个广东星级宾馆的理发员每天劳动12 小时，每月休息2天。北京一家著名美发连锁店的理发员也是每天劳动12小时，但每月休息3天。在北京郊区一个加油站工作的女孩子工作24小时（夜间工作可能允许打盹），休息24小时。他们每周的工作时间平均在75小时以上，平均工资每小时约5元人民币或更低。长三角地区的农民工每天工作超过12小时的情形也不鲜见。这是我自己通过访谈了解到的数据。行业的竞争性越强，工人的劳动时间越长。强竞争领域的白领员工也是疲于奔命，未见得比农民工轻松多少。一端是超时工作，另一端则是大量失业者的存在。不难理解，如果忽略资本对劳动的替代作用，则全国在业职工平均每人每天多劳动2小时，就意味着全国25%的劳动者丧失了工作岗位。这里有一个不良循环：在业者越是“勤劳”，劳动市场的竞争就越是激烈，在业者的工资也就越低，进一步地，在业者的劳动时间也就越长。这是马克思讲过的道理，只是人们假装忘记了。于是，就有了宏观经济领域的一种现象：在我们的GDP总量中，属于劳动报酬的并由劳动者最终支配的数量大约在9万亿左右（2007年），占比约36%；扣除税收，加上其他一些收入，形成的最终消费支出占到GDP总量的35%左右。面对这种局面，国家的宏观经济调控不能不显得笨拙。

过大的对外贸易顺差是构成缠绕在中国肌体上的坚硬的腰带的第二个因素。当中国人勒紧腰带过日子的时候，若有别人发行“外汇”大量进口我们的商品，过一种“宽衣解带”的潇洒生活，我们可以陶醉在债权人美梦之中。但过量的外汇储备有一种对弱势阶层掠夺的性质。庞大的外汇储备意味着净出口，但对应的货币却发行出去了，于是有了通货膨胀的压力，并迫使央行提高利率，由此产生国民财富的分配向有利于富人的方向倾斜。

以上两种因素结合起来构成了尺度更大的不良循环：国内经济的工资成本越低，出口量越大，进而经济增长的实现越是依赖国外市场；为了保住国外市场，越是要压低国内工资水平，进而压缩了国内市场空间，不得不在更大程度上依赖国外市场。缠绕在中国肌体上的这根腰带就这样越来越紧缩。

还有第三种因素也在束缚着我们：中国存在代际财富连续积累的机制。经过30年的改革开放，中国出现了一个庞大的富裕群体。如果按0.42的基尼系数作测算基础，中国占总人口比重5%的最富有的群体大约拥有国民收入的30%左右。而我国政府不向个人征收财产税、赠与税和遗产税，于是，这些富裕人家的财富可以实现代际传承，财富积累的动机大大增强了。如果有了这些税种，富人们的经济行为就会有大的变化，他们不得不消散财富，用财富来换取慈善家的名声。有了这些税种，富家子女的行为也会大不相同。现在的情形却不是这样。中国某些一线城市的住房价格和平均住房水平已经和发达国家的城市水平不差上下，而城市中的低收入人群却望房兴叹。财富的集中在加深中国社会的鸿沟，威胁着中国经济的可持续发展。

中国就这样在束紧自己的腰带，变成了别国难望项背的高积累率国家。概而言之，中国的积累的根本特点是财富分配向资本（包括国有资本）倾斜，而代价是高强度的劳动和低工资水平。高额外汇储备本应产生通货膨胀压力，引发相应的进口才对，但高利率和低工资消散了这种压力，中国人的肩头扛起了别国的高消费。我们的人力资源和物质资源在支撑着别人的强大。我们该惊醒了。我们该粉碎缠绕在我们肌体上的坚硬的腰带。

2009年5月，政府有关部门向国务院提交了一个调整国民收入分配的改革方案。我很期待这个改革方案出台，但从以往的经验，我唯恐改革方案不能抓住要害。仅仅依靠国家财政的转移支付功能来矫正收入分配偏差是不够的，必须从调整劳资关系入手解决问题。但我们已经有《劳动法》、《劳动合同法》，这些法律如果能落实一半，情形也不至于如此。有法不依，有令不行，出台再多的改革方案又能如何？

有人说要改革工会制度，让工会在劳资关系调整中发挥作用。但我知道美国的工会会员占劳工的比重也不过1/3左右，大量非工会会员劳动者的权益照样有比较好的保障。工会当然有作用，但它的作用再大也大不过政府。美国经济学家诺斯说，美国在20世纪30年代完成了适应市场经济的意识形态转变。中国本届领导集体才提出“以人为本”的治国理念，结束了军政理念，也许这只是意识形态真正转变的开始。但愿我们能在劳资关系的调整中践行新的理念。

节制资本，但不要消灭资本

这次世界金融危机给了我们一个教训，它让我们懂得应该节制资本。这一段时间，连奉行自由资本主义的美国政治家都对不加节制的资本家动了怒。对此，我们这边的反应是五味杂陈，其中不乏看衰自由市场经济的意见。但真理向前多迈一步，就会变成谬误。若认为节制资本不够，还需要消灭资本，就十分荒唐了。

过去的宣传文本喜欢讲一句借来的话，说资本来到人间，从头到脚每一个毛孔都滴着血和肮脏的东西。这是一种浪漫主义的说法。今天的中国推进改革开放，大力发展私人资本，提高了中国人的福利水平，便证明资本这个东西不是一无是处。

部分劳动者以及他们在知识界的代表敌视资本，大抵是因为资本的所有者对劳动者有支配力。对这种支配力存在的必然性人们不愿意深入思考，拿浪漫幻觉替代理性分析，便有了消灭资本的热情。

资本是一种“易碎品”，这决定了资本对劳动的支配。货币不是资本，只有货币转化成厂房、生产设备和必要的原料与产品库存，才算是资本。资本若不和劳动结合起来，就不能下金蛋。这种结合有十分特殊的性质。

经济活动有风险。在企业遇险破产时，劳动者可能全身而退，但实体资本可能折损甚至报废。劳动者失业后经过培训可以换个企业重新就业，而实体资本的专有属性决定了它不能随意凤凰涅槃，往往不能逃脱变为废铜烂铁的命运。所以，在资本与劳动的合作中，资本面临的风险要远远大于劳动面临的风险。如果在企业里由劳动者支配本不属于自己的资本，不仅会使工资蚕食利润，还不大会关心资本命运，使资本生存的风险增加。所以，把企业的支配权交给资本方面，使脆弱的资本得到呵护、增值，经济便能运转起来。

现在我们该懂得，在资本和劳动的关系中，如果由劳动来支配资本，资本必然十分稀缺，以致劳动没有办法找到资本，社会经济活动就会停滞。因为政治浪漫主义的存在，一些社会为此做了一些“实验”，很不幸地证明了这个结论。热衷和资本宣战的社会，资本家没有了，劳动者的日子也好过不了，而那些给资本留下活动空间的社会，却容易保持活力，劳动者自己的生活也能改善。进一步说，如果我们讲社会的可持续发展，那么，可持续发展的最重要的规律就是资本对劳动的支配权。只有在极为特殊的情况下，如律师事务所和私人医院，才可能发生劳动对资本的支配。

在实际经济活动中，资本对劳动的支配权可能被滥用。资本为了稳固自己的控制力，还可能超出经济活动范围寻找对政治的干涉。若政治机器失去中立的性质，政治家和资本家穿了一条裤子，资本便不免变得可憎起来。另外，劳动方面要维护自己的公正权利很不容易。工人联合要付出很大的组织成本，与资本家角力不免吃亏。历史表明，作为一个社会集团，资本家们不可能主动地约束自己的权利，他们总是想尽最大可能把经济利益攥在自己手里。

尽管资本有诸多不招人喜欢之处，但要说它自从来到人间从头到脚每一个毛孔都滴着血和肮脏的东西，不免有点夸张。其实，一部分人劳动，着力提高社会的人力资本水平，另一部分人组织企业生产，关照物质资本的再增值，也是一种分工。在我看来，这种分工对于提高经济效率的价值超过了任何其他分工。如果没有这种分工，每一个人都拥有简单工具，大家都过穷日子，社会关系便有了依附性，那是一种当代人难以理解的可怕局面。这种没有公平竞争的社会，还是被资本社会替代掉好。应该是传统社会从头到脚都很恐怖，而资本可能只是脚丫子很肮脏而已，它的主体尽管还有可憎的地方，但要比依附性社会好许多。

要改变资本的可憎面目，根本的办法是通过民主政治做一件事情，就是让政治机器能独立运行，让政治家或官员不至于和资本家穿一条裤子。但这件事情做好不容易，当前世界经济形势便是证明。

这次世界金融危机有两个极端情况。在我们这边，因为工资水平低、劳动强度高、劳动时间长，大量产品制造出来，我们自己却没有能力购买，便对欧美市场形成依赖；在欧美发达国家那边，资本在推动消费泡沫生长，玩资本衍生品游戏，加上他们“工人阶级有力量”，以过度透支自己的信用来堆积本出自我们这边的物质财富，一旦资本市场的链条断裂，财富便成了不堪承受之重。一台戏是“二人转”。这两边的差异是劳资关系不同，而相同之处是资本都在逃避约束，虽然逃避的路数又不大相同。现在，那边表示要修理资本，而这边还不觉得有修理的必要。这边似乎以为那边的资本该送上断头台，自己这边的资本则该受到呵护。其实，谁的资本都需要修理，都不该送上断头台。

金融危机究竟颠覆了什么？

尚未偃旗息鼓的世界金融危机究竟颠覆了什么？我看它颠覆的不是主流经济学，甚至也不是什么“华盛顿共识”，因为原本就没有这种“共识”。也许这次金融危机颠覆不了任何稍微经受过历史传承的东西。如果那些东西那么容易被颠覆，那它们早就不存在了。世界工业革命以来，经济的周期性变动从未停歇，而实体经济周期和货币危机搅和在一起的大“危机”也不只这一次。每一次危机到来，人们就变得不自信，想找一个观念上的替罪羊。其实，好的知识与坏的观念，从来就不是在一个圆桌会议上突然冒出来的。它们本来就如影随形地伴随着我们，只是在社会生活风平浪静时，我们忘记了癫狂与鲁莽的危害。

这次金融危机还会拖延一个时期，但这不是因为聪明的政治家想不出缓和危机的好办法，而是因为利益关系的调整是一场旷日持久的争斗。最终天不会塌下来。欧洲货币体系一定会更加稳固，美国将学会扼制金融大鳄的办法，而中国经济仍会保持至少10年的高速度增长。

这种估测来自理性的乐观主义。守住理性，我们会发现事情来由原本并不复杂。

主流经济学不是一盆脏水

金融危机来临，批评主流经济学成了时髦。在西方，最严厉的批评者似乎是某些管理学家，他们说，金融危机证明，经济学应该是一门艺术，而不是科学。这不禁让人哑然失笑。过去人们一直认为管理学是一门艺术，不是科学。管理学家现在要出一口恶气，把经济学变成管理学的婢女。

批评者最喜欢讲的话，是说经济学家假设甚至怂恿人们追求个人利益最大化。有人说，危机的根子既不是雷曼兄弟，也不是希腊政府，而是经济学本身！经济学把人教坏了！这个批评构成了经济理论批评领域300年的“公案”：人到底是不是追求私利的家伙？其实，这是一个冤案。要翻这个案，还须稍微说远一点。

“主流经济学”这个说法在西方国家的文献中也是有的，叫做Mainstream Economics。但使用这个说法的人很少，多数重要经济学家不大用这个词。西方经济学领域经常使用另外两个词来区分经济学的最基本的类别，分别是正统经济学（Orthodoxy）和异端经济学（Heterodoxy）。这三个词之间的区分很微妙。正统经济学先是被马克思定义过一次，那就是古典经济学，其内涵大体是确定的。后来凡勃伦又启用了“新古典主义”这个词，正统经济学便扩大了内涵。异端经济学经常批评的是正统经济学。

按一般理解，主流经济学即在欧美大学经济学讲坛上被多数经济学教授所传授的理论经济学，其中，这种经济学的鼻祖为18世纪英国的亚当·斯密，但他自己并没有把“利益最大化”当作教条。

的确，经济学理论离不开“利益”两个字，其核心假设之一便是“效用最大化假设”。其中，“效用”一词是对“私利”的替代，现在不再单单指个人的私利。一个人如果有博爱精神，那么他做利他的好事，也会给他带来效用。说经济学家论证人们追逐私利的合理性，只是坊间谬传。经济学家以“效用最大化”和“自由竞争”假设为前提，演绎了一套逻辑公理，形成新古典主义经济学的核心内容，其本身具有形式上的完美性。

形式的完美当然与现实生活之间有巨大鸿沟。但经济学家的尴尬并不是说明人们是否追逐私利，而是人们的行为常常达不到“最大化”的要求，现实经济活动中也没有绝对的自由竞争。于是，后来的经济学家，发展了有限理性理论和垄断理论，对现实的解释能力大大增强了。关于前者，美国西蒙教授有权威性的研究，他是诺贝尔经济学奖获得者，他的理论自然也是主流的理论。

实体经济的不完美，莫过于它摆脱不了经济周期乃至金融危机的梦魇。一次次的经济周期早已教训了经济学家，以致现代主流经济学的阵营中，很少能找到真正的“市场原教旨主义者”。

影响大的理论即是主流，挑战主流的则暂时是异端。但在学术领域，主流经济学与异端经济学反倒是纠缠不清，说不上那么对立。对不同时期的“正统经济学”来说，马克思的学说是异端，旧制度主义是异端，连凯恩斯的学说也是异端。但对主流经济学来说，这些东西未必一定是异端。异端经济学总在经济学科的边界上攻击正统经济学，如果这种攻击能被经济学科的精英们接受，进入重要研究生院的经济学讲义当中，也就成了主流经济学的一部分。凯恩斯的理论刚出来的时候，应该说是一个异端，但因为这个理论实在是大有用处，就很快成了主流经济学的一部分。从一定意义上说，哈耶克对凯恩斯的批评，代表了正统经济学对经济学异端的批评。在新古典综合派产生以后的时代，主流经济学变得越来越宽容了。经济学的“神圣三角”（Holy Trinity）——理性、自利、均衡，现在发生了变化，强调在刻意行为（Purposeful Behavior）、开明自利（Enlightened Self-interest）和可持续性（Sustainability）之间的某种折中。在很多情况下，主流经济学与经济学异端之间对所描述的东西并没有看法上的差别，区别主要在方法上。

至于有人说经济学缺乏“人文关怀”，更是一种粗陋的无知。按我的了解，许多主流经济学家是很有一些人文关怀精神的。如果理解得不错，我认为所谓人文关怀大抵是对社会弱势阶层的关怀。按这个理解，我们可以举出好多例子来证明主流经济学家是颇有人文关怀之心的。阿马蒂亚·森是前几年诺贝尔经济学奖获得者，应该算作主流经济学家。这位先生可以说是有足够的人文关怀之心。森对发展中国家的贫困、不平等与饥荒问题进行了深入的研究，并对饥荒是由粮食供应减少造成的这样一个传统观点提出了挑战。舒尔茨也是一位主流经济学家，也是早年的诺贝尔经济学奖获得者。那年我国总理温家宝在全国人民代表大会闭幕时的记者招待会上提到的“穷人经济学”，就是舒尔茨在诺贝尔奖颁奖典礼上讲演的题目。在华人经济学家的圈子中，文贯中先生是相当有影响力的一位，他的学术功底是主流经济学的功底。他这几年用了不少时间研究中国20世纪60年代初的大饥荒。我发现他对人类历史有那种大慈大悲式的关怀。这种关怀是一种仁者的关怀，而不是那种个人功利性的虚假呼叫。

其实，主流经济学的许多命题直接支持了社会正义的理念。例如，微观经济学是关于边际效用递减规律的阐述，就支持了财富公平分配的主张。如果从第三者观察来看，同样的财富，给穷人带来的效用要大于给富人带来的效用，这不是主张财富更平等地分配么？可见，主流经济学颇有“革命性”。当然，这不是因为主流经济学家想“革命”，而是他们的学术推论导致了那样的结果。

主流经济学发展到现在也的确有令人遗憾的地方。拿微观经济学来说，在效率和平等的关系上常常发生不同意见，这种不同意见又和价值观的差异有关，依靠经济学自身的发展很难消除这种争论。宏观经济学中的不同意见更多，其中所涉及到的几个总量数值看起来简单，实际上异常复杂，其中更牵涉到人的心理预期的影响，致使经济学家在准确预测宏观经济走向时常常遇到困难。微观经济学和宏观经济学在方法上也不很统一，让人们对理论经济学的科学性不免发生怀疑。主流经济学尽管有这样一些发展不成熟所导致的毛病，我还是相信它的基础是牢靠的，这样一些毛病会在它的发展中逐步得到克服。想一想，主流经济学发展了几百年，如果它在根本上是错误的，这种发展绝不会是连续的。

按上面的分析，主流经济学作为一门学问，对现实经济的影响是深远和广泛的。可以说如果没有主流经济学，也不会有世界经济的繁荣。我认为对主流经济学的彻底否定的批评是过于轻率了。

主流经济学仍然是一个筐子，利益集团的发言人总可以拣到自己喜欢的东西，然后说那就是正统经济学。这引得有的人不去指责利益集团，而说主流经济学是一堆垃圾。

金融危机不是怪兽“喀迈拉”

这次世界金融危机并不是人们陌生的怪兽“喀迈拉”（在希腊神话中，它是一只有羊头、狮身和蛇尾的吐火怪兽），以现有经济性理论大体可以解释。

当中国经济崛起时，欧美经济的一些产业的竞争力相对开始下降。它们的一些经济部门衰退了，还有一些产业依靠非关税壁垒勉强支撑。它们有技术优势，却偏偏不肯将一些重要技术卖给中国，逼使中国自己开发技术，以至中国经济不仅有了“人口红利”乃至“土地红利”推动，也有了巨大技术进步支撑。

欧美制造业的空洞化本应产生的麻烦因一些条件而被推后或减轻了。一是农业基础一直不错，政府在农业领域投入大，老百姓吃饭成本有很大一块是政府的隐性补贴，老百姓敢花钱，消费需求十分旺盛。二是服务部门规模庞大，特别是美国，凭借其强势货币，有了一个笼罩世界的金融帝国，为其服务贸易创造了国际收支盈余，一定程度上弥补了物品贸易项目的逆差。三是政府税基宽，有巨大的国民收入再分配能力，一些弱势家庭得到政府的很多补贴，使工资刚性得以维持。四是欧美政府特别是美国乐意当世界警察，而实现这一目标的重要手段是金融扩张，以致政府放任巨型金融寡头的利益不断膨胀，几乎不对其进行有效监管。五是亚洲新兴经济体因为体制原因，一直维持高储蓄、低消费的经济运行方式，变相地给欧美国家提供巨大的消费信贷，使其总需求水平得以维持。

这种经济体制比之中国，有其内在的脆弱性。一方面，因为居民储蓄水平极低，尽管有很高的社会保障水平，但对经济周期的系统性风险抵抗能力很弱。商业保险企业不会提供这种保险，而领取政府失业保险会挫伤消费者信心。另一方面，商业金融机构从来都是一个“反稳定器”。巨型金融机构本来是公共性很强的组织，但支配它们的却不是公共规则。它们最危险的举动是放松内部的风险管理。在买卖金融衍生品的链条上，一旦前端的实业投机（如炒房）出了问题，出险率上升，保单的最后持有者就要支付巨额赔偿。紧接着金融机构会过度收缩信贷，打击公众投资和消费信心。一种恶性循环由此形成。美国那里金融危机产生的原因大抵如此。

我国留美经济学家孙涤先生介绍说，美联储前主席格林斯潘在2010年10月接受国会质询时，承认自己所犯的重大失误至少有三条：第一，承认自己据以决策的意识形态有根本性的错误，过去以为越少监管，市场运行就能越有效的信念令他惶惑不安；第二，承认自己对信贷机构通过自利追逐就能维护股东长期权益的信念发生了根本动摇；第三，承认已风行几十年的风险管控模式，乃至整个“智性大厦”在这次海啸中崩溃了。显然，格老对意识形态的忠诚，超过了对经济学理性的把握。他对美国经济的破坏，与20世纪30年代美国财政部长梅隆有一比。

把金融危机发生的责任推给经济学家是没有道理的，格林斯潘不能代表经济学家。事实上，现代经济学对经济周期发生有多种解释。在若干理论中，凯恩斯的理论影响最大。因他的工作，“总需求”、“总供给”这样的重要概念进入了主流经济学，为现代国民经济统计奠定了基础，功莫大焉。其他经济学家也给出了别的解释。经济学家对“同一事实”给出不同的解释，好像暴露了经济学的缺陷，其实不然。每一次经济周期都有金融机构的“反稳定器”作用介入其中，投资者与消费者的信心变化也有“反稳定器”的作用。经济体内部的几个变量，如投资、消费、储蓄、资本系数等，作用于总需求，则在技术性上决定了国民经济均衡水平的变动。“萨缪尔森—汉森模型”就揭示了这种关系。

对经济周期的解释，除前面提到的几位外，还有马尔萨斯、马克思、费雪、米赛斯、熊彼特等人也做过贡献。孙涤先生还介绍过一位叫明斯基的美国经济学家对经济周期解释的理论。我没有读过他的著作，从孙先生的介绍看，他的理论与米赛斯相近，而对费雪和凯恩斯的理论有直接继承。在这些经济学家中，米赛斯和明斯基都曾被看作异端，甚至凯恩斯也曾被看作异端，但广义地看，他们也是主流经济学的一部分。

总之，流行于大学讲坛的经济学还是有足够的工具来解释经济周期和金融危机的。

经济学家为什么是“事后诸葛亮”？

有一种说法，认为这次金融危机没有一个经济学家成功预测，所以说经济学家毫无用处。纵然他们有解释经济周期的理论，但却不能对经济周期做出预测，理论又有何益？我看这是浅薄的说法。

在经济学的队伍里，理论经济学家本来就不大重视预测，而必须做预测的常常是政府经济学家和商业机构经济学家，预测是他们的职业任务之一。如果经济活动完全可以预测，那就不需要市场经济了，甚至不需要货币了，政府可以按计划安排一切经济活动——经济学家喜欢这样说，好像为自己开脱罪责。但事实就是这样。

理论经济学家关于经济周期的理论，的确让他们看起来像“事后诸葛亮”。经济学家不能消除经济周期，因为他们不能改变人的心理，不能改变经济规律。决定经济活动的因素实在很多，技术革命因素、政治家想左右竞选形势的经济政策、他国政策变化对本国的影响、大的自然灾害，等等，都会带来经济活动的极大不确定性。心理因素更难把握。所以，谁要是总能准确预测主要经济指标小数点后两位的数字，谁就是神仙下凡。至今没有这样一个人。谁要预测正确一次，那也是歪打正着。正因为如此，人们对专门从事预测工作的专家所犯的错误，都抱以宽容态度。

然而，说到底，理论还是有用的，只是我们不要坚持“小数点后两位”这样的严苛标准。如果一件事情明显违反经济法则，经济学家总能预言其后果，当年米赛斯在维也纳时，总指着奥地利国家信用银行说：这家银行迟早要倒闭！果然它在1929年倒闭了（这里转述林行止先生讲的故事）。在凯恩斯之前，西方国家对国民经济的管理是堂吉诃德战风车，多少有点瞎比划。此后，国民经济统计体系成熟起来，政治家多少能凭经济规律来管理经济，以至西方经济有了50年左右的大体稳定期。职业经济学家进入政府决策层总的来看起了好作用。

当然，这次世界金融危机的爆发，西方经济学家也的确有值得反省的地方，只是这种反省主要应在经济学之外。第二次世界大战以后的经济恢复和繁荣使人们很快忘记了凯恩斯，“冷战心理”多少对经济学家也产生了影响。但凡谁强调政府干预和监管，谁就似乎有了“苏俄共产主义”的嫌疑，就有了“政治正确”问题——这虽然是我的猜测，但八九不离十。这种心态影响了一些人说话的方式。

西方经济学家应该自问这样一个问题：市场中滋生的反市场力量——垄断，与投票产生的政府相比，哪一个更坏？

人类在经济现实中找不到十全十美的制度。自由竞争只是经济学家的假设，现实中垄断比比皆是。有人说，只要权力集中就免不了坏毛病出现，哪怕是投票产生的政府。这种说法总能找到根据。但垄断企业也有集中的权力，有富可敌国的财产，只是它产生于市场。正统经济学喜欢市场，爱屋及乌，连垄断也一并喜欢了。那些曾经不那么正统的经济学家，如熊彼特、罗宾逊，对垄断多有批评。我看比起民选政府，那些寡头垄断企业，那些金融大鳄，要更坏一些。在权力集中的性质上，它们半斤八两，但民选政府多少会讲公共规则，而金融寡头的行为明显涉及公共性，但却不讲公共规则。所以，给垄断企业勒上马头套、系上缰绳，是十分必要的。

垄断企业是不能被消灭的，因为它们来自市场竞争。消灭垄断，就意味着消灭市场经济。而消灭了市场经济，政府一定会更坏。懂得这个道理，远比预测GDP增长率重要得多。

金融危机颠覆的是“冷战思维”

中国学者在反省此次世界金融危机的过程中，有大量论断见诸杂志报纸，但其中一些说法是可疑的。

实体经济虽然有内在的不稳定性，但招致经济严重失衡乃至严重的金融危机的祸根则是反市场的垄断力量，只不过这种力量在市场中成长起来。如果说“华盛顿共识”是肯定自由市场的意义，那么，这个共识本身没有错。错在这个共识并不存在。华盛顿决策层的官员们嘴上说要维护市场经济，其实在行动上放任金融大鳄损害市场经济。

在世界金融危机中，中国似乎独善其身，甚至被看成是挽救世界经济颓势的希望。这个局面也不是中国专门和“华盛顿共识”对着干才换来的。我看相反，中国的稳定高速发展有两个最可宝贵的东西：一是中国坚持了市场化的改革方向，使要素资源流动的自由程度大大增强。曾经最短缺的资本来自境外、国外，而最廉价的劳动力来自中国农村，二者相结合，创造了中国制造业的竞争优势。二是中国政府对有可能反市场的金融企业进行了比较有效的监管，使其运行大体能符合政府的公共目标。中国实行了有监管的市场经济，但这种监管不是要限制市场，而是要抑制大型企业特别是大型金融企业对市场竞争的干扰。

西方世界要反省的是“冷战思维”。他们的逻辑是这样的：你和我是敌人，我的意识形态是资本主义，你的意识形态是社会主义，那么，资本主义和社会主义也相互是敌人。你要搞市场监控，我就要搞自由市场。这就是经济决策中的“冷战思维”。其实，他们给了垄断企业或金融大鳄过多的自由，而把自由市场给毁了。

再往深处分析，我们的思维本身就常常在误导我们自己。所谓“人类思考时，上帝在发笑”。类似“主义”这种概念的使用，本来有一种方便思考的好处，但它也容易使我们偷懒，总是简单地拿“主义”的习惯定义去阉割生动的现实。这使我们一不小心就滑到极端的立场，成天打“主义”的口水仗。

社会主义和资本主义的矛盾性质随历史条件变化而变化。马克思在《共产党宣言》里的大部分变革目标在当今西方国家已经成为现实。在现实中，所谓“社会主义”，就是多一点平等，多一点政府干预；所谓“资本主义”，就是多一点效率，多一点自由市场。只有“冷战思维”才把二者对立起来。现实中的政治家只是在此二者的天平上各有一点倾斜而已。20世纪90年代以后，西方政治家向着“社会主义”一头倾斜得多了一点，不少麻烦由此而来。其实，远比这两个“主义”对立的，是“军人社会”（或“部族社会”）和“市民社会”（或“市场社会”）之间的对立。令人遗憾的是，不仅经济学家无视这种对立，连政治学家也不去解释这种对立。“冷战思维”实在是贻害甚大！

写到这里，我不禁想起了邓小平先生的“猫论”。他是当代政坛上少有的超越“冷战思维”的政治家。“不管白猫黑猫，抓住老鼠就是好猫”，是最朴素、最实用的政治行动准则。与其说中国在挽救世界，不如说邓小平先生挽救了世界。

在中美关系问题上，我不大喜欢某些人渲染的“阴谋论”，因为美国这个国家历来不大会玩阴谋，他们对中国的态度写在国会议员的脸上。再说，国家间的竞争自古如此，不必太计较别人的“阴谋”或者“阳谋”。但如果一定要说有“阴谋”的话，最可怕的是西方一些有话语权的人对市场经济的批评。如果我们听了他们的话，放弃市场化改革，倒退到“计划经济”时代，岂不正中了别人的圈套？中国改革要坚持到胜利，千万不可落入“冷战思维”无意中设下的圈套之中。

全世界负责任的政治家都应该记住，这次世界金融危机颠覆的是“冷战思维”。至少我希望如此。

从进城起，做一个幸福的人

陈传艳，一位打工农妇，一位哺育着两个幼儿的年轻母亲，于2009年2月的一天梦断重庆。孩子在母亲尸体的臂弯里哭着喊饿达数天之久。这是《重庆晚报》登载的一个故事，故事的作者是范永松、黄艳春和钱波三人。

陈传艳初中辍学开始打工，所嫁第一任丈夫是打工者，第二任丈夫还是打工者。他的丈夫陈华说，妻子家住湖北大山里，从小到大没过过一天城里人眼中的幸福生活，跟他在城市打工奔波，省吃俭用，为让两个女儿好生读书，梦想成为真正的“城里人”。陈传艳的幸福之梦提前终结了，而她的孩子，特别是那个大一点的孩子莉莉，将永远不能抹去心灵上的阴影。

读这个报道引起的那种出自心底的震撼，依稀记得在读海子的那首诗时有过。在《面朝大海，春暖花开》里，海子说：从明天起，做一个幸福的人……

人有梦想，梦想幸福的生活。在不同的生活台阶上，人都有梦想。诗人海子有的是个人色彩的梦想，而陈传艳们拥有的是一种社会群体性的、卑微的梦想，是中国农民要奔向城市过幸福生活的梦想。

书斋里的浪漫主义学者说，乡村社会的男耕女织就是幸福，城市的嘈杂让人痛苦，但中国农民不听这个话，他们要离开乡村到城市。在发达国家浸淫于后现代文明的绅士们说，中国文化在乡村社会存留，他们乐于听见拦羊嗓子放牛调，乐于看见夜半绣女劳作、午时农夫执犁，但中国农民不愿满足他们的愿望，执着地要进城。还有人说，城里就业难，等国家把农村建设好，那里也有幸福，可农民们还是不听，还是要进城。我们不要把同情的眼泪挥洒在错误的地方。给了农民选择的自由，他们自己会比较，他们决定走向城市，说明他们不喜欢自己的家乡，尽管他们对家乡有割舍不断的留恋。他们和我们这些人当初告别乡村走向城市没有两样。

城里有唾手可得的幸福么？像陈华、陈传艳夫妇这样的农民没有看到，但他们抱有希望，憧憬未来的幸福。30年来，中国农村的常住人口不断减少，越来越多的村庄走向衰败。而事情的另一端则是城市的繁荣，中国农民以其廉价劳动在城市竖起高楼大厦，生产出低成本商品向世界输出。世界为之震惊：中国人富裕起来了。世界500强企业有了中国商家，世界富豪榜上有了中国人的姓名，越来越多世界级的奢侈品有中国人购买，仅北京就有数十家主要供富人们使用的高尔夫球场……我甚至没有足够的资讯来比较城市内部生活水平的悬殊。然而，陈华、陈传艳夫妇们的生活似乎没有根本改观。中国农民工的工资水平曾经10年不动，这几年刚有改进，就来了个世界经济危机。

中国农民不过在重复几个世纪以来其他人类群体的故事。欧洲的农民从300年前就开始向城市奔走，那时的城市有诸多不便，他们有几分不情愿；美国的农民在1900年世纪交汇前后也大规模地向城市进军，几个箱包可能是他们随身的家当。他们和今天的中国农民一样，也做出了牺牲，也有过类似陈华、陈传艳夫妇的命运。中国农民奔向城市可能是世界历史上最后一次大规模移民。今天的时代虽然已有不同，但农业现代化把小农变成过剩人口的趋势没有不同，甚至会来得更加猛烈。在这个过程中，绝大部分农民的福利有了提高，但陈华、陈传艳夫妇这样的案例注定不可避免。农民们知道这个过程中“大数”和“小数”之间的关系，这是他们走向城市的决策依据。

我们可以想象出很多理由，使陈传艳的悲剧不至于发生。想不到务工农民在进城以后还会两地分居；想不到她的丈夫全然不懂农民工的生命在城市里更加脆弱，6天打不通妻子电话才赶回家里；想不到他们选择了非农民工居住的社区，以致6天时间里没有老乡去呼唤她。当一系列偶然事件连缀在一起时，便构成了一个必然性的后果。如果陈传艳的孩子也能上幼儿园、托儿所，如果她丈夫工作能更加稳定，如果她作为城市家庭妇女能参加几个沙龙什么的，再如果她不惮于医疗费用的昂贵而敢于求救于医生，而不是躺在床上听天由命……她的命运就完全不同了。而这种种假设本应该是一个成熟城市社会的现实。

我们正在通向现代化的道路上长途跋涉，在征途上我们会犯错误，但不要犯违反历史规律的大错误。大部分中国农民要进城，他们希冀从那里开始过上幸福的生活。全体中国人，特别是中国的政治家们，要帮助他们实现梦想。按照历史规律做事，类似陈传艳的悲剧命运才会越来越少。

由文字改革想到民族文化认同

2008年舆论的一个小事件令人难以忘怀。国家教育部的一个机构发布了一项关于调整若干汉字写法的意见，引起了一些社会人士的激烈反应，持批评态度者甚多。这多少让我感到意外。依我看，教育部的意见大体不错。以“亲”字为例，书写时以一竖替换竖勾，好像使这个字看起来更顺眼一些，而学生学起来也会容易一点。教育部大概听了文字专家的意见，而文字专家毕竟不是吃干饭的。我自己的想法还要比文字专家们更狂妄一些——不仅汉字应该多变一些，汉语也应该多变。要让所谓汉字和汉语不仅仅姓汉，更要姓华，姓中华。

墨守汉文字的旧写法，很不利于中华文化形成自己的开放性。中国的文字是汉文字，尽管在我们的人民币上用好几种文字来标定面值的大小。汉文字通过革命政权的文化工作由繁到简，变得更容易学习和传播，这是革命政权对中华文化的一个贡献。如果要现在做这件事情，十有八九做不了。真怀疑社会上有一种潜在心理，费了九牛二虎力气学得汉字书写能力的文化人，把自己对复杂汉字的书写本领看作资本，不大愿意别人轻松地与自己比肩而立。汉文字是书法艺术的操练对象，但我看书法是书法家的事情，不该拿这个理由绑架其他想要轻松写字的人。日本曾经用汉字，现在用自己的文字，也不妨碍日本出汉字书法家。

中国开始与西方世界深入接触以后，我们开始遇到文字翻译方面的麻烦，而这种麻烦也与我们使用文字过于保守有关。把boycott另写为“杯葛”不合适，但把主要拼音文字国家的一些专属人名和地名直接用原文表示，我看很有好处。例如，Chicago这个地名可以直接加在汉语文字中，不必翻译成“芝加哥”。汉字的字词有一定的包容性，直接用原文不仅不会丢失汉字的特征，反而更有利于它的广泛传播。

当然，当务之急不是汉语的世界化。让汉语改革为中华民族真正成为一个民族实体做些贡献总可以吧？我们过去不仅没有为此做出努力，反而似乎做了一些相反的事情。在过去的几十年里，书面汉语基本上为讲汉语的人们服务。在一些歌词中偶尔可以用到边远地区居民（即常说的“少数民族”）的词语，如“亚克西”、“巴扎嗨”等，在中小学教材和主流媒体的文字中则十分罕见，至于官方文件，则更是追求汉语表达的纯净和正统。20世纪革命政权建立后，官方还为某边远地区的居民专门创造了文字，然后说人家是少数民族。幸亏讲闽南话的人和客家人主要生活在人口稠密和商贸发达的地区，否则他们也会被称为“少数民族”了。中国的精英阶层似乎有一种偏好，以为在中国大地上民族越多越好。在“民族”这个词语的使用上也显得有些混乱，一方面讲中国是多民族国家，又一方面讲中华民族，以至后者显得抽象，或者让人感觉到中华民族的实体就是讲汉语的民族。

谈谈法兰西民族的形成过程，或许能帮助我们加深对这一问题的认识。法国人自古操多种语言，包括Wend é en、Poitevin、Breton、Basque、Flemish、German，等等，人们用这些语言相互交流几近不可能，以至大家学用拉丁语交流反倒更省事。1863年，法国乡村人口的1/4干脆不懂法语。在400万学龄儿童中，几乎一半不会书写法语。面对这种情形，法国的革命精英们没有着急去划分不同的民族，相反，他们着力去通过法语的普及来塑造法兰西民族。经过十几年的努力，法国的小学生就写下了这样的文字：法兰西是花圃，各省是花圃里的花朵。

在一定历史时期，民族问题是一个国家最大的政治。中华民族应是一个实体；在中国大地上，不同地方的人有不同的生活习惯，甚至讲不同的语言，但既然生活在一个国家实体中，政治家和社会精英们就应该努力使这些居民凝聚为一个民族实体，而不是通过政策和文化传播来刻意扩大这种差异。即使在中国大地上有一部分居民和境外居民有传统的文化联系，符合被称为“民族”的条件，那也不必畏首畏尾，反而应该付出百倍的努力来促进中国所有居民在经济和文化上增加凝聚力。人类本来有共同的祖先，因为以往数百万年发展演变的某些局限，才有了不同地区居民之间的差异。从未来人类的光明前景看，这些差异不是什么大不了的事情。为消除一些差异而努力，符合人类发展的根本利益。文字和语言方面的政策，也顺应这种历史趋势。

如何塑造中华民族实体，是该认真想想了。能熟练使用汉字和汉语的中原地区居民应有一个开放心态，对文化传播有重要影响的政治家和其他社会精英，则应努力用边远地区居民的常用语来丰富汉语词库，并用汉字来表达它，让中华民族的每一个成员来使用它。据我了解，边远地区的国人已经在自己的语言里吸收了中原汉语的不少词汇，而中原居民却很少了解边远地区居民的语言词汇。这不是中原居民的光荣。中原地区的社会精英们更应该自责，认真地反省自己在政治上的短视对中华民族的消极影响。极而言之，我们还应该对许许多多影响中华民族实体建立的做法有一个检讨。

语言作为交流工具才有生命力。交流要以经济活动为基础。用华语来替代汉语，前提是中华大家庭的居民广泛流动，实现经济的一体化。而经济一体化必须以经济政策的统一性为前提。一切涉及区域发展的经济政策的出台，都应先检讨一下政治上的正确性，就是看它是不是有利于消除我国不同地区居民之间的陌生感。我看我们的好多政策加剧了不同地区居民之间的陌生感，应该废除。举例来说，计划生育政策的不统一就是如此。再如干部任用，也有好多框框或潜规则。我国社会文化精英也常犯糊涂，动辄夸大不同地区居民之间的所谓文化差异，制造陌生感。

亡羊补牢，犹未晚也。如果从现在开始系统地做一些改弦易辙的工作，也许在几十年后的某一天，我们国家居住在边远地区的儿童也会写下这样的文字：中华民族是个大花圃，每一个角落的人们都是花圃里的花朵。

通过渐进办法改变人民代表结构

中共十七大政治报告所提出的发展社会主义民主政治的举措之一，是改革人民代表的构成，更多地增加社会基层人民代表的数量。报告指出，要“保障人大代表依法行使职权，密切人大代表同人民的联系，建议逐步实行城乡按相同人口比例选举人大代表”。2007年十届人大五次会议所宣布的第十一届人大代表名额和选举决定草案也已经表示，在新一届全国人民代表大会的代表中，妇女代表比例要不低于22%；来自一线的工人和农民代表人数要高于上一届；在农民工比较集中的省、直辖市，还要有农民工代表。这项关于人民代表构成的改革，对于推进社会主义民主政治建设有重要意义。

我国各级人民代表大会是政府大政方针的决策主体，人民代表的构成是否合理与决策的公正性和科学性有密切关系。通过进一步改革，人民代表大会制度将在我国未来社会主义民主政治建设中发挥关键性作用。任何一个社会都会有各种各样的差异，其中包括社会分工的差异、地区的差异，也包括其他因素引起的职业和社会层次的差异，这些差异最终表现为各种社会利益集团之间不同的政治诉求。在国家的公共事务中要有共同决策，而共同决策要反映各社会利益集团的要求，尽可能找到一个决策的平衡点，使全社会的共同利益和长远利益得以满足。

从目前的实际情况看，人民代表的构成尚不合理。例如，在当届全国人民代表大会的代表中，我国中部某省的118名代表，县和县以下的干部只有3人，加上3位农村党支部书记，一共6人，占全省人民代表总数的比例刚过5%。如果把县以下的代表看作是我国乡村地区的代表，这个5%与我国县以下的人口比重是极不适应的。在城镇地区的人民代表中，工人的代表也很少，农民工的代表更是凤毛麟角。显然，这种情况不利于人民代表大会更好地反映民意，不利于它作出科学公正的决策。现在，中央决定改变这种情况，无疑是向正确的方向前进了一大步。

要真正通过改变人民代表的构成来使人民代表大会的立法和决策具有科

学性、公正性，不是简单凭借一个命令、一个文件可以做到的，而需要有许多配套改革措施。例如，如果不做深入改革，在扩大农民代表的数量时，很有可能仅仅是增加了一些乡村的干部或农业技术人员，充其量会增加几位种植业大户。自然，增加这些代表总是一个进步，这件事情先做起来也总是一个好的开端。但是，要真正提高人民代表的素质，使他们在政治上具有更好的代表性，简单地把几位农民或农业技术人员选进人民代表大会是不够的。

其实，在我国基层社会的政治变迁中已经产生了改变人民代表构成的新的政治条件，利用好这些条件可以使改革有事半功倍之效。

一是我国近些年民间组织有了一定发育，各地出现了一些民间专业技术协会、商会、志愿者组织，农村则出现了农民的专业协会、合作社及其联社等。这些民间组织的领导人常常受到组织成员的拥戴，也能够积极维护组织的利益。若他们通过选举成为人民代表，对于人民代表大会制度的改进是有积极意义的。这些组织是新兴的“人民团体”，它们应该获得人民代表的代表分配“名额”。

二是我国基层社会近些年在选举实践中逐渐产生了竞选的做法，特别是在村民委员会选举中常常有农民候选人之间的竞争，通过这种活动锻炼了一批农村政治活动的积极人士，他们也可以积极参加人民代表的竞选活动。从长远看，竞选作为民主政治活动的基本方式还是要积极利用。

对以上两个条件的利用也不要操之过急。现在要着手考虑配套改革的措施，为社会主义民主政治的长远发展建立稳固基础。首先要研究人民代表名额的基本分配制度。可以考虑将人民代表名额分为两个类别，一个类别按照人口比例来确定，另一个则按照地域来确定，这样做有利于那些地域偏僻、人口数量少的地区在人民代表大会中有适当代表。其次，要积极提高我国基层社会的组织化程度，让各类民间组织充分发育，使其中的领袖人物转变为职业政治活动家。有了这个基础，选举的摩擦会大大减少，社会妥协将容易达成，人民代表大会制度将更加稳定。最后，对选举过程中的竞争也要认真规范，严格选举程序，限制竞选手段，界定贿选的判定标准。可以通过试点做好这些工作，并在试点的基础上认真总结经验，形成一整套人民代表选举的法规。待这些改革逐步到位以后，我国各级人民代表大会的代表构成，才能真正体现社会主义民主政治发展的要求。

通过市场机制让农民分享城市化利益

以农业人口为主体的经济落后国家在迈向城市化的过程中，国家实力通常会增强，国民收入水平会极大提高。如果体制机制合理，在城市化过程中农民也会分享到利益。农民人数减少，会产生农业规模化经营的条件。进城农民不仅会获得较高的工资报酬，还会因他们的土地改变用途或流转出手，获得资产收益。但是，若体制机制存在明显弊端，农民因城市化不仅不能增加收益，反而会遭受利益侵害。一些农民可能仅仅改变了自己的住所，发生所谓“被上楼”的情形；还有一些农民长期过“候鸟”生活，不能定居在城市，发生所谓“半城市化”或“土地城市化”的情形。

总体上看，我国的城市化还是迎来了全民共赢的局面，但问题也的确不少。目前的主要问题是：制度层面上还没有形成法制化的、让所有农民都享受城市化利益的稳定机制；土地产权制度存在缺陷，土地价格扭曲，土地管理制度不符合市场经济要求，以致土地资源浪费严重；现行户籍制度妨碍农村人口自由合理迁徙，也妨碍农民获得与城市居民一样的平等权益，不利于建立城乡公共服务一体化的体制机制。

改变上述局面的根本性做法是尊重市场规律，让市场机制在土地、劳动这两大要素配置中发挥基础性作用，而政府则发挥维护市场、促进平等的调节保障功能。一定要处理好市场调节和政府保障的关系。若没有市场的作用，政府不仅不能带来效率，甚至连平等也不能保障。具体说，当前要注意采取以下几项关键措施，以解决城市化进程中的主要难题。

第一，要充分尊重农民意愿，解决制止强制征地、强制拆迁的错误行为。除非出于重大公共利益（如国防和公众安全等）的需要，其他不重要的公共利益要求以及商业用地要求，必须征得农民同意，并按照协商价格给农民补偿，方可进行相关交易。即使为重大公共利益需要，也要参照市场价格满足农民的补偿要求。

第二，要修改相关法规，不再要求城市土地必须为国家所有。在城市扩张过程中，划入城市建成区的地段也可以保留土地集体所有制，国家不再一律强制征地，使农民可以按照政府规划对土地进行自主开发，并享有开发权益。政府可以通过税收制度获得相关利益。这样做可以使部分农民“带地入城”，降低他们转变生产生活方式所引发的风险。

第三，要尽快完成城乡基本公共服务一体化的政策体系构建，打破现行户籍制度带来的种种困扰。解决这方面难题的关键已经不是各项社会保障制度，而是进城农民在城市定居的住房保障制度。目前，国家正在推行的城市保障房制度，以及“民工荒”带来的工资水平的上升，都有利于解决这个问题。

只要这些变革能顺利推进，农民进城就利大于弊，甚至有利无弊。从原武汉东湖高新技术开发区的做法看，已经进入城市规划圈的原农村区域，保留土地的集体所有制性质，并让农民将土地权益转化为资本投入，就会使农民享有很大一块城市化利益，这样既发展了城市，又保障了农民利益，于国于民都是好事。在一些地方，农民获得巨额的土地补偿费和拆迁补偿费后，的确发生了不顾长远保障、胡乱花钱的事情，但不能因此而强制农民集资办企业，更不能降低给农民的补偿价格。解决这个问题可以采取很多措施，但要分清轻重缓急，拿捏好分寸。依笔者观察，有了住房条件的这部分转籍农民，最要紧的事情是要将他们纳入城市社会保障系统，特别是要通过利益诱导让他们参加医保和养老保障。在此基础上，可以学习武汉高新区的做法，但在具体方法上也不可一刀切。

东湖高新区的做法之所以成功，有自己的特殊条件，例如，那里的村级领导人可能有比较强的公益心，那里的商业氛围和农民的合作精神比较好，等等。依笔者了解，这些条件在不少地方并不具备，有的地方搞农民自主开发也没有获得成功。在这种更为常见的情形下，政府的任务是帮助转籍农民建立自主开发企业，不要由村委会建立一统天下的开发公司，然后再强制农民加入。有的地方已经形成村委会为主导的集体经济，也可以保留和扩大，但应逐步改制为现代企业，让农民的股份可以流通、交易，以加强对企业经理人的约束，确保农民的投资收益增值。

一场不着调的争论

北师大教授董藩先生的一句微博言论，引发了一场不小的争论。我认为这场争论多少有些不着调。

这场争论的有些方面其实意义不大。由董藩先生的话扯到北师大的校训，进而扯到人生的价值观，定调有些过高了。人生的目的究竟是什么？这是一个古老的问题，但从来没有过人人接受的答案，且再过三千年也不会有答案。有些人会说，人活着就是要最大限度地追求物质财富，有些人则会认为人应该追求精神富贵；两者要争起来，很难说谁对谁错。原本人们的价值偏好就有差异，所以，后者不必说前者道德沦丧，前者也不必说后者道貌岸然。

但是，一个学者若不把自己看作宣传家，而只是做客观的研究，也许应该这样提出问题和回答问题：第一，在现实社会里，大部分人对财富的实际态度如何？第二，一个社会的精英阶层该提倡什么样的人生态度才会对社会文明有利？依我看，这两个问题大抵是可以回答的。

关于第一个问题，若观察人类历史，我认为那种关于人性的普遍利他主义假设肯定是不符合实际的。普遍的利他主义无法解释人类的进化，这个道理想必人们可以理解。而假设人们普遍拥有利己主义倾向，却可以解释很多现象。这种假设并不排除一部分人有所谓的精神追求，因为人们的价值偏好总有差异，精神追求也可以愉悦一部分人。似乎有统计规律证明，穷苦出身的人们往往更看重物质财富，富家出身的则往往容易有精神追求。自然这也不是绝对的，只是一种大略情形。

关于第二个问题，答案要复杂一些。笔者以为，一个发展得比较好的社会，其精英阶层大多会反对见利忘义，而提倡节制礼让。这也不能算精英分子的虚假伪善，因为，为了社会的温馨和谐，为了平衡社会成员的逐利动力，这种提倡是有意义的。被批评为“物欲横流”的西方社会，精英阶层尊奉的主流价值其实也是如此，只不过它们在这个领域也有一个分工，往往由教会做“价值引导”这件事，而政治家们不承担宣传的使命。当然，这种情形也不是绝对的。记得谭其骧教授就讲过，中国古代越是猛喊仁义礼智的时期，那个社会就越不怎么样。我揣测，若一个社会的精英阶层走向了堕落，就不免虚伪。

董藩先生受过经济学训练，也许他深知“利己人”假设的意义，以至他把“40岁4000万”当成了一种衡量一般的知识人成败的尺度。但笔者认为董藩先生离经济学“真理”走过了一步。经济学回答“是什么”就够了，不必宣传“应该是什么”。当然，董藩先生有讲话的自由，而且他陈述的那些价值观也无关高尚与卑下。但一旦他通过微博这种传播力度很大的工具讲话，别人似乎也有理由认为他在做宣传，潜意识里会觉得他乱了角色。麻烦正在这里。

若做具体的讨论，笔者认为，在非常严格的前提假设下，董藩先生的话大体有道理。董藩先生培养的研究生应该是房地产专业的，如果学生们笃定要进这个行业谋生，且在毕业后能短期内进入房地产企业管理层工作，那么经过十余年的打拼，积攒一笔超过一般人的资产是有可能的。考虑到通货膨胀因素和中国房地产业发展潜力，这笔资产达到4000万也未尝不可。学生若达不到这个水平，在面见董老师的时候，脸上的确无光。但从董藩先生与网友的后续争论看，他似乎并不限定条件，好像有研究生学历的人都应该在40岁时有那么多的财产才属正常，否则就应该感到羞愧。我认为这种看法多少有些问题。

在现今大学专业设置中，不同专业带给学生的赚钱能力是不同的，且赚钱潜力大的专业更容易吸引高智商的学生，这就更导致离开校门的学子经过十年八年，财富拥有量会有极大不同。若拿单个学生讨论，一个赚钱专业（如房地产管理）的毕业生没有赚到钱，似乎应该没脸再见老师。但是，若拿学生整体来讨论，情况就复杂了。我们知道，在人力资源市场比较健全的情况下，绝大部分大学毕业生，哪怕他们学的不是房地产管理专业，其收入也应该高过一个中学毕业生。如果这种情况没有发生，即大部分大学毕业生的收入和一个中学毕业生不差上下，该羞愧的就不是学生们，而是这个社会。因为这里有教育资源的浪费。再进一步说，如果相当一些中学生本来有智能潜力可以上大学，却不能上大学，应该反思、检讨的同样是这个社会，而不是学生们。

离开正题，说点别的。微博这个东西若用来披露一点事实，的确有快捷方便的好处，但若用来讲清一个道理，它就不能算一个合适的场所。即使是学富五车的教授，要用百十来个字讲一个道理，也不很容易。所以，我看大家若要领会教授们对某一问题的系统的意见，最好去读他的长篇大论。反过来说，教授们也应避免通过微博发布对一些敏感问题的意见。

把土地制度改革上升为国家安全战略

土地，民众心里的疑惑，学者心中的纠结，基层干部手上的烤山芋，地产利益链上的印钞机。30年前差不多如此，现今益发如此。

现行土地制度是制造纷争的制度，其运行结果与建立和谐社会的目标相去甚远。小打小闹的改革解决不了问题，需要一个战略性考虑。

中共十七届三中全会在农村土地改革的思路上有了一个大的突破，但尚未将土地改革提升到政治高度以统一全党认识，以致相关法律的修订举步维艰。

我们奉行的是渐进改革原则，其核心应该是政治改革要稳，经济改革要快，经济改革给政治改革创造条件。但几十年里土地制度改革几无进展，由此引起的社会问题已经影响到政治稳定。

因为社会许多强势利益集团已经深深卷入土地利益关系，任何土地改革方案不可能取得一致意见。即使最有利于增进国家利益的土地改革方案，也不会取得社会基本共识。在这种情形下，需要少数政治家在改革中采取果敢行动。

本文讨论关于深化土地改革的几个关键方面。

一、以土地改革换取社会稳定

一个稳定的社会最关键的要素，一是中产阶层占国民多数，二是国民有统一的民族文化认同，三是民主政治发育成熟。世界历史经验证明，前两个条件大体具备以后，第三个条件才能形成。

中产阶层的特点，经济学并没有规范性表述，以笔者对这一概念的理解，这个阶层的特点一是拥有或有能力拥有房产，特别是独栋房产；二是收入高，生活比较安逸，恩格尔系数在10%以下；三是对社会制度有高度认同和建设性态度。在现阶段的中国，如果经济体制改革还能深入，一部分人群可具备前两个特点。如果政治体制改革逐步推动，具备第三个特点的人群也可大量出现。

中产阶层的主要财产形态是房屋。中国城市的中高收入阶层所支付的高房价，主要是为土地支付的，但中国的法律规定，百姓不能拥有土地的所有权。土地的使用权规定为70年。这种情形让中国中高收入者气馁，不可能有中产阶层心态。

在世界上，除少数城市型国家和纽约这类城市外，一般发达国家的中产阶层拥有或住有独栋房屋。那是真正的房屋。除纽约等少数城市外，发达国家的大城市居民也拥有或使用独栋房屋，楼房里的单元居所一般归低收入居民使用。

大部分中国家庭拥有独栋房屋的社会意义重大。中国人有“接地气”的说法，反映了民间对居所与心理之间关系的认识。居住不接地气，可能心浮气躁，心态激进。心理学对人们在过分拥挤情形下容易产生负面心理的现象早已有过揭示。拥有独栋房屋并对房基地拥有所有权的情形下，人们更容易建立财产主人的心态，同时产生平和感、富足感。可以想象，如果中国70%的家庭拥有带有一定面积院落的独栋房屋，社会心态和当下比将会有显著不同。

大部分中国家庭拥有独栋住宅还具有重大的经济意义。维护独栋住宅会产生远大于单元房的支出，有利于第三产业发展，扩大就业规模。

土地制度改革还将决定未来国家粮食安全。我国粮食供应与土地的绝对量关系不大，而与优质耕地的数量关系密切。山区土地被大量撂荒，平原地区优质耕地被大量转变为建设用地，严重影响未来中国的粮食安全。这种潜在危机的产生与国土规划及土地制度有密切关系。

确立中国农民的土地财产权对于社会稳定也具有重要意义。强拆农民房屋的法律基础是农村宅基地的集体所有制，于是，为了“集体利益”，农民家庭就不得不服从所谓由“公共利益”出发产生的“规划”。农民世代居住的房屋会突然变得和“公共利益”冲突起来。用“少数服从多数”的公共决策机制来拆毁居民的房屋，强制其搬家，为现代文明国家所罕见，可见，这个机制并不能简单地用来决定居住规划。居民的世代居住权要高于公共规划权，其法理基础应是居民的房屋及其宅基地的私人所有权。这个权利不确定，强拆或变相强拆的野蛮做法就不可能绝迹，社会就会不稳定。同样地，农民对耕地的财产权不能确立，强制或变相强制流转耕地的做法也不可能绝迹。

社会稳定是当今中国的根本性大事。没有了社会稳定，将断送中国的改革发展成果，任何“主义”都将变为空谈。我们以为眼下的土地所有权制度是社会主义的“基石”，其实，这种制度不仅丢掉了效率，还加剧了社会不公，更侵蚀了社会稳定的基础，完全与社会主义的原则相悖离。

我们要以土地制度改革换取社会稳定。通过土地制度改革，中国公民获得必要的土地财产，形成中国中产阶层崛起的条件，奠定社会稳定的基础。任何一个人，任何一个利益集团，任何一种意识形态的持有者，如果真正想使中国繁荣富强，就应该懂得“土地换稳定”这个交易的积极意义。这是多赢的交易，是给中国带来光明前景的交易。进一步说，深化土地制度改革，适当地确立私人土地财产权，应该上升为超越其他政府行为的“国家战略”。

以上提出的改革举措是私有化么？它完全否定了土地公有制么？当土地的私人利用和公共利益发生冲突时，政府还有什么处置办法么？中国的土地资源允许70%的家庭拥有或实际使用独栋住宅么？本文读者想必关心这些问题，下面将做进一步讨论。

二、实行共有制主导下的土地产权类型多样化，开放产权交易

土地改革要摆脱一切陈旧观念的束缚，坚持以人为本的施政理念。要把人的福祉放在制度安排的首位，以人的福利水平提高为制度设计的标准。实践中，坚持这个标准的要义是处理好平等与效率的关系，在私人领域坚持效率标准，合理安排土地权属类型；在公共领域坚持平等要求，以土地规划的法制化、民主化实现公共目标。

关于土地规划的法制化、民主化已经说了很多，其意义固然重要，道理也并不深奥，这里略去不谈。

如何以利益关联度为基准确立土地权属类型序列，始终是决策层认识上的一个盲点。用途管制约束下的私人所有（或形式共有，实质私有）、私人合作所有（按份共有）、社区公共所有（共同共有）、国民共同所有（国家所有）是四种常见的土地所有权类型。经济生活中采取哪一种形式，要看能否兼顾效率和平等，或者说要看能否兼顾私人利益和公共利益（社会主义），并非共同共有是唯一的好形式。在一般意义上，这个所有权形式的序列，对应经济活动的公共性是递增的，而私人性是递减的。但若做具体分析，某些经济活动即使有公共性，也不需要对应共同共有产权形式。

由“理论”转化为政策，需要把握两个原则：

第一，任何一项经济活动，或经济活动的某个层面，只要其产生的“外部性”很小，即只要其私人利益和公共利益不发生明显冲突，就可认定其有私人属性，相反，则可认定其有公共属性。实践中，虽然这两种属性是“渐变的谱系”，并没有严格的界限，但不能由此认为无法进行制度设计。

第二，即使一项经济活动有公共性，也不一定要搞共同共有产权。作为公共机构的政府可以通过类似用途管制的办法，对私人产权进行分割或约束。在市场经济发达国家，这是一种普遍的情形。

在这两个原则之下，下述四种土地所有权类型的适应性的现实形态更容易理解。

（一）用途管制约束下的私人所有（或形式共有，实质私有；或承包权物权化）

世界上没有绝对的私人产权，尤其没有绝对的私人土地产权。普遍存在的是政府对土地实行用途管制情形下的私人产权。

一切私人经济活动对土地的占用，都适合土地的私人所有或形式共有、实质私有。本文特别强调以下两种情形。

这种所有权类型适合的第一种经济活动是直接农业生产。直接农业生产活动具有强烈的私人属性，之所以如此，是因为农户按照市场规律生产可以满足个人利益，且至少不直接危害公共利益。如果没有土地用途管制，农地也可能被用来做建设用地。若大量农户这样做，可能会影响农产品供求平衡，从而影响到国家食品安全，形成农户私人利益与公共利益之间的冲突。但是，为克服这种冲突，只需将公权用于对土地的用途管制即可，不必建立土地的国家所有权。

这种所有权类型适合的第二种经济活动是宅基地利用。私人适当的宅基地利用方式并不侵害公共利益，因此对宅基地不必实行任何形式的共同共有产权。实践中也可能出现侵害公共利益的宅基地利用方式，政府可以用规划和用途管制对不当方式进行限制，同样不必建立共同共有产权。

（二）私人合作所有（按份共有）

在国际上，农业领域针对土地建立按份共有的产权形式甚少，但在我国有某种特殊意义。因我国农户土地承包面积比较小，而一些设施对农业的土地利用有较强的不可分性，农户不得不在土地利用方面进行合作。但这种情形会随着土地流转增多而逐渐变少。

大田作物生产，完全不需要建立土地的按份共有产权结构。不少地方在大田作物生产领域推动“股田制”，搞农地的按份共有产业组织，弊大于利。实地研究证明，大田作物生产领域保持承包制，并不妨碍土地整理和机械化生产方式。

农民专业合作社是一种重要的按份共有产权形式，但它适用于农产品流通、加工和生产服务领域，多数情况下不需要引入土地利用领域。

（三）社区公共所有（集体共同共有）

中国自古以来就有村社集体所有的财物，包括土地。因为这类财物不会量化到个人或家庭，这种产权类型属共同共有产权。农村旧时代的庙产、公共水塘等公用设施宜实行共同共有产权。现代中国农村的少部分设施也可实行共同共有。

我国现行农村集体经济制度也属于共同共有产区类型，但其并不适应农业集体生产。土地承包权的长期化意味着农村经济领域的共同共有制度解体。

（四）国民共同所有（国家所有或国民共同共有）

凡私人及私人合作经济活动直接占用土地，以及社区公共事务所需土地以外的其他土地，都适合国家所有。与道路、江河、海洋等有关的土地，尽管可能成为私人经济活动的场所，但因为符合经济学关于公共品的定义，也可归国家所有。换句话说，我国大部分国土可归国家所有。

城市居民、企业的土地使用权70年这个戒律应该打破。这个戒律暗含的理由是，若没有70年这样的期限，土地的国家所有制性质就失去了保证。这个道理实在牵强。若农村耕地的使用权（承包权）长久不变不影响“集体所有制”性质，难道城市土地的使用权突破了70年限制，就影响了国家所有制限制？一个国家的法律，不可这样不讲形式逻辑。形式逻辑没有了，严肃性就没有了，国家权威就打折扣了。

这30年，我们国家除了国家行为（例如奥运会建设项目、世博会项目等）外，其他情形下，究竟有多少建筑物能算得上世界水平？在世界上，那些著名建筑物从设计、建造，到竣工、使用，哪一个没有几十年能完成？有的建筑物的建造历史达数百年之久。若那些国家也有一个70年土地使用权法律，谁会花功夫搞那些建筑物？所以，我看我们国家那些千篇一律的建筑物产生的病根，就是土地法律的弊端。

以上四种土地所有权类型对应的土地数量，还是国家所有的土地（国民共同共有）在比例上占绝对优势，估计可占国土面积的98%左右。所以，尽管引入一定用途的土地的私人所有制度，国家所有的主导格局不会改变。

以上讨论为了说清楚实际经济关系，尽可能使用了经济学用语，但土地所有权改革可以有灵活性，不必拘泥于严格的经济学用语。例如，城市土地的使用权长期化和农村土地承包权的长期化均有实质意义，不排斥保留名义上的国家所有制和集体所有制。

三、深化土地用途管制改革，提高国土资源利用效率

我国官方的国土管理有一整套规定，号称“世界上最严格的耕地保护制度”。事实上我国耕地保护状况很令人担忧。不是国土官员不努力，而是因以下原因导致这种努力很无助、阻力很大。

第一，地方政府与中央政府之间的游戏规则助长地方政府扩大GDP，倾向压缩农业用地、增加工业及城市用地。

第二，农民的土地财产权没有确立，土地定价机制及涉地税种、税率的设置不能反映土地的稀缺性。

第三，国土规划及用途管制的思路有问题。住房建设用地被限于城市，且多是平原地区的优质耕地，浅山区土地的房地产开发基本被堵死。因对城市和乡村实行不同的土地制度，发生了所谓土地规划及用途管理的“圈内”、“圈外”困扰，真切地反映了我们关于土地的一整套制度是作茧自缚。

摆脱困局的办法，已经多有政策评论文献提出了很好的意见，本文仅讨论其他人较少或没有提出的两条意见。

（一）进一步严格制约平原地区城市扩张，保护我国优质耕地

有一种看法，说我们的耕地不少，能产出中国人需要的粮食。这话看起来不假，但经不住推敲。如果抛开国际市场竞争不说，我们的土地资源的确能产出足够国人消费的粮食。但粮食实际上能产出多少，与耕地的总的绝对数无关，而与粮食生产的竞争力有关。这种竞争力有两个因素，一个是国际粮食市场，另一个是国内劳动市场。由国际竞争，若粮食价格足够低，农民就可能撂荒足够的土地，以致粮食不能自求平衡；如果非农产业的工资单价超过农业工资单价足够多，农民也会撂荒一定量的土地，同样使粮食不能自求平衡。

还有一种说法，认为中国的粮食亩产很低、增产潜力很大，不必太考虑节约用地。我认为这种说法值得商榷。我国粮食主产区的谷物单产已经超过了美

国的平均水平。农业技术中那些劳动节约型的技术已经没有多少潜力可挖，其他技术的使用成本越来越高，农民不喜欢使用。从国际竞争大局看，中国的粮食保障前景不容乐观。

土地问题要算总账，更要算结构账。我们有不到10亿亩的优质耕地（有利于采用劳动节约型技术的耕地），不仅要用来种粮食，还要种菜、种水果、搞养殖。我们缺的正是这种优质土地。但这种土地正在遭受城市化的蚕食。从这个意义上说，我们的土地不是多，而是少。依靠粮食主产区的优质耕地，产不出5亿吨粮食。随着城市化的推进，粮食生产的比较优势会发生结构性下降，一部分山区耕地会逐步退出耕作，存在很大的粮食减产因素。据我的一些调查了解，山区的农业劳动生产率目前是平原地区的一半，以后还会降低。我们将越来越依赖平原地区的粮食生产能力。所以，保护平原地区优质耕地非常重要。

同时，中国不缺建设用地，没有必要滥占耕地。据其他研究者提供的资料，我国在20世纪60至80年代，GDP每增加一个百分点，对土地的占用量是日本的8倍左右，土地低效益使用问题非常突出。我国城市的人口密度也很低，全国平均每平方公里的人口数量不到3000人。据文贯中教授提供的资料，上海市的核心区在1949年人口密度是每平方公里6万人。一些省份几乎每个县都有省级开发区，我参观发现，这些开发区多有十分开阔的花园景观。北京市就有几十个高尔夫球场。谁也说不清北京的“中关村高科技园区”究竟有多大。天津、上海和广东这样的地方，也不能说缺少建设用地。

改弦更张，刻不容缓。要重新核定平原地区城市用地的规划指标。住宅区用地的容积率必须在5倍以上。新辟工业区的经济密度每亩地的GDP应在1000万元以上。除“增减挂钩”政策留下的口子外，应在3年后原则上停止平原地区城市建设用地供应。凡利用增减挂钩政策增加城市建设用地的，减一亩，只能增半亩以下；不同城市可差别对待。土地督察机构应该加强，督察分局的权限应扩大，其负责人的职级可定为副省级。

（二）开放浅山区建设用地市场，让70%的中国家庭拥有独栋房屋

本文前面提出的中国70%的家庭拥有或使用独栋房屋的政策调整建议，乍看不切合中国实际，因为大家以为中国缺地。其实，中国多的是山地、荒地、丘陵、滩涂等农业利用价值低的土地。

但我们的制度把大量农业利用价值低的土地排除在住宅用地之外了。只有

极少数富豪明星在市区拥有世界上最昂贵的自己的独栋房屋。中国的两极分化由土地政策显化为现实的存在。

一边是高地价，一边是闲置的非农用地，现有土地政策制造这种局面，好像就是以自己人为敌。

必须改变政策。要让中国人在农业利用价值低的土地上建造相对昂贵的房屋，给山区、丘陵地区的城市更大的扩展空间。保守估计，仅仅利用浅山区的村庄用地，如果规划适当，就可建造5000万栋左右的独栋房屋。如果再利用一些不适合农业生产的其他类型土地，再建造1亿栋独栋房屋也不会有问题。加上原来农民的独栋房屋，全国70%左右的家庭拥有独栋房屋将不仅仅是一个梦想。

由于历史原因，我国深山区也有大量居民，除少数情形之外，深山区的土地人口承载力低，生态环境脆弱，既不适合搞粮食生产，也不适合搞房地产开发，原住民的大部分可随经济发展逐步迁移到其他地区。

开放浅山区让有条件的中国家庭得到独栋房屋，有利于改变我国区域经济布局，解决我国劳动力候鸟式迁移问题。由这个政策调整，以及前面提到的限制平原城市人口低密度和经济低密度开发的政策调整，平原地区的住房支出将会增加，居住条件将劣于浅山环绕的城市，一部分优秀劳动力资源会离开沿海城市和平原城市，资本也会被吸引到现有开发度低的区域，农村劳动力便可以减少目前这种由中西部向东部、山区向平原的流动。这一变化无疑也有利于中国社会稳定。

看不出此项政策调整会有什么负面影响。山区生态环境会变坏么？有钱人会不会在山区圈地建立大庄园？有钱人会不会圈占黄山、庐山这样的风景名胜之地？这些都不是假问题，但都可以通过政府的规划和土地用途管制加以管束。我们不是要开放北京市的景山、八达岭用作造民房。我们当然要细致规划，但这不是难题。西方发达国家有成熟的经验可资借鉴，这里不必赘述。

意识形态需要有张力的包容性

大略来说，意识形态是一定规模的社会集团所持有的系统性的价值判断。通常，一个社会因集团分化和历史文化因素的影响，不会有完全统一的意识形态。官方政治精英所持有的意识形态会借助政府资源在社会上产生广泛影响，但要完全替代其他类型的意识形态很不容易。如果官方意识形态只是少数人的意识形态，无论其积极意义如何，也有可能引起社会不和谐。能不能塑造一种宽容氛围，只要一种意识形态不强加于人、不危害其他意识形态持有者，即使它是小众的，甚至在主流意识形态看来是有些病态的，全社会也给它存在的空间？另一方面，不同意识形态对人类的根本利益扩张有不同的贡献，更积极的意识形态理应有所扩张，为此，不同意识形态之间可以有批评，那么，批评的方式是什么？如何摒弃不同意识形态之间党同伐异、好勇斗狠那一套？笔者认为这些问题值得探究。

近些年，在与学界朋友讨论政治经济问题时，常常涉及到意识形态，有时争得面红耳赤。争论到一定层次，论者相互之间要说服彼此，殊为艰难。

举例来说，关于民主政治及其延伸问题的争论，因为价值判断的差异，到一定层次就难以争论下去了。

甲说：大国推行民主政治的条件之一是语言及文化的基本统一，建立这种统一的基础是经济的高度一体化。如果没有这种统一性和一体化，民主政治的后果可能是国家分裂。

乙回应：这个说法不对！人权高于主权，只要通过民主政治保障了人权，放弃其他次一级权利又算什么？

甲又说：你可以对权利做这样的排序，但在民主政治的条件下，民族文化的差异性很容易被政治家利用来作政治动员的资源，引起文化背景不同的民众之间的冲突，甚至引发战争。战争受害者最终是民众，而很少是政治家。战争还会延后经济发展。

乙回应：一切社会行动都会有牺牲，为了人权这个至高无上的目标，即使有战争，并产生牺牲，也应在所不惜！

上面的对话是笔者虚拟的，但类似的对话并不少见。由对话看出甲乙双方首先有价值观的差异。最明显的是，论者甲和论者乙对主权和人权的排序不同，就是说，他们权衡此二者的价值有差异。实话说，要消除这种差异很难。通常，人们的争论也就停在这一步。一个宽容的社会，也不必硬要谁闭嘴。

但是，就理性要求来说，进一步深究的空间还是存在的。人权固然有至高无上的价值，但如果没有一定的条件，人权就是水中月、镜中花。人们常常看起来在追求人权，但因为其他社会条件不具备，得到的还是对人权的践踏。所谓“播下的是龙种，收获的是跳蚤”。一个有希望的社会，其政治精英对这个历史逻辑会有深刻理解，并会为创造这种条件去努力。

写到这里，我愿意简略谈谈美国政治哲学家罗尔斯的观点。人们通常注意到罗尔斯对公平正义价值的肯定，其实，他还十分强调秩序和稳定的价值。离开历史的逻辑，实际上很难对人类的一些基本价值给出一个排序。逻辑永恒，而价值排序却可能远离理性。

在眼下中国的一些讲坛上，常常多有各种虚虚实实的价值判断的宣泄，而像罗尔斯那样的理性思考却少之又少。也许怪不得中国人的智力，只能怪某种过于急功近利的宣泄式的价值观推广。这种氛围之下，无包容可言，理性思考总显得不合时宜。在意识形态的塑造问题上，首先要讲包容，谁也不必急于压服谁；其次要讲理性，否则包容就变成了死水一潭的折中主义，最终还要丧失包容。

在当下中国，学术界的朋友们喜欢讲某“左”某“右”之类的话，近期似乎还把这种划分推广到了一些地方官员身上。例如，有朋友就将重庆的“唱红”提高到了左右评判的层次上。有时候，这样讲话有简便的好处，但坏处是容易失去包容性。依笔者看，一个社会，左和右也可以包容。

若把强调效率忽视平等看作“右”，把强调均等而忽视效率看作“左”，那么，这种对垒即使在高度市场化的发达国家也存在。之于西方社会，我们甚至可以把耶稣看作“左派”的领袖，把教会看作左的意识形态的倡导机构，若承认这个说法，就可见西方世界左的意识形态其实有普遍的影响。再深究一点，西方的宗教曾长期是“社会不稳定”因素；在有的历史时期，它也罪恶累累。但到如今，西方的宗教也被“和谐”了，现在还有多少自诩为思想家的人有很大的兴趣去批判它呢？也许罗素是批评宗教的最后一位思想家。这不是因为西方宗教经脱胎换骨后消失了，而是它退回到了一个合适的边界里面，它不再强加于人。

西方宗教的历史给我们一个启示，那就是问题不在于要不要左的意识形态，而在于这种意识形态存在的方式。我看左的意识形态是客观存在的，只是应让其有适当的形式和适当的作用范围。重庆的“唱红”本身是强调奉献，强调平等，似乎有些左，但不要忘记，重庆的政治家们还在不遗余力地抓经济效率，绝非“文化大革命”时期的“只要社会主义的草，不要资本主义的苗”。重庆近日甚至用基尼系数来考核下级政府官员，可见，他们不是仅仅把平等当作歌谣来唱的。只要重庆和成都在经济活动领域积极推进市场化改革，积极打破各种垄断，对内开放与对外开放并举，用“唱红”的办法来约束公务人员也是一种尝试。“唱红”范围扩大既不必要，还可能有负面影响；学者们担心会产生某些不好的影响，出于对“昨天”历史的余悸，应该可以理解。但依我拙见，过去那种登峰造极的专权恐怖，其实已经不是意识形态的问题了。根本没有了马克思主义的一点影子。依我善意的观察分析，对重庆、成都改革的担心似无必要。当然，从长远看，“唱红”是不是约束公务人员以求自律的最好形式，倒也不一定。未来也许中国需要不同意识形态在公共领域更大的分工，为此，杰出的政治家应有更大的探索。

局部突围：重庆成都改革的意义

优秀的政治家团队，要在社会经济发展的效率、平等和稳定方面有所作为。从这三方面确定观察维度，有利于对政治家团队的工作作出比较中肯的评价。若离开这三方面，只抓住一些枝节问题做文章，必然是一叶障目，不见泰山。

从效率、平等和稳定三个角度看以往30年全国改革和发展总的形势，成绩是显著的。这一点毋庸置疑，否则我们就会怀疑改革开放的意义所在。但是，我们的局面远不太平。

从国民经济效率看，形势已很让人忧虑。多年促进经济增长的“土地红利”和“人口红利”已很难持续发挥作用，结构问题日益突出。国有大企业在国内竞争称雄，私营经济空间仍受到挤压。土地制度改革和户籍制度改革长期得不到突破，以致要素市场的结构性问题相当严重。

从社会平等构建的角度看，我们在公共财政方面做了一些有益工作，但在劳资关系的调整方面毫无建树，而后者才是决定社会利益分配的基础性因素。中国劳动者普遍劳动时间长、劳动强度高、劳动保护付之阙如，以致中国GDP增长对就业拉动的作用显著低于发达国家相应经济发展时期的水平。

从社会稳定的角度看，我国虽然已经产生了一些有利于社会稳定的因素，过去那种“压力型”社会稳定模式正在发生转化，但这种转化的基础尚未形成。解决这个问题的办法是有序推进民主制度，发育横向联系的社会组织，提高政府的公信力，增进民众对政府的信任。

围绕以上三个目标深化改革，在中央层面上似乎有难处。花钱的改革容易做，需要协调、需要出力的改革很难做。总体看，我们的市场化改革只是一个“半截子”改革，产品市场的机制基本建立了，要素市场的机制还远没有确立。改革需要突围。

重庆和成都综合改革给我们提供了希望。它们的改革确实有很大进展。

两座城市都在要素市场扩大方面有显著成绩。集体建设用地流转的机制建立了，农民市民化的通道打开了，这为提高经济效率创造了条件。集体建设用地的流转以及城乡建设用地市场的统一在政府规划和用途管制下推进，促成了土地资源的优化配置。成都深化农村土地产权改革，确立了土地承包权长久不变制度，为全国解决这个难题树立了典范。成都的农村人口布局调整还增加了耕地面积，打破了目前国内“土地过度城市化、人口半城市化”的困境。重庆制定了农民变市民的时间表，而成都则一举实现了城乡居民基本公共服务的一体化。重庆通过除恶打黑增进了百姓对政府的信任，社会稳定程度有了提高。成都则通过一系列惠民工程改善了政府服务，成为国内公认的宜居城市。

我当然不认为重庆和成都的改革十分完美。例如，城乡建设用地市场统一以后，土地市场的运行还可以简化，以降低市场交易成本；专业农户的居住方式是不是强调集中，也值得探索；涉及农民权利转让情形时，确保农民自愿原则的实行如何制度化也需要探索；中央政府曾提倡“净地出让”的做法，用来解决开发商“强拆”问题，也值得一试。这些方面都应予以重视。但无论如何，重庆和成都改革的大方向是可取的，其基本经验在全国推广也是可行的。

重庆和成都的改革方案绝非“拍脑门子”的结果。它们的改革固然和主要领导人的政治素养有关系，但也不要忽视他们所依赖的智囊团队的作用。依我了解，重庆和成都的政策研究室以及市辖社会科学院，都有一些对市场经济有坚定信念的学者，他们对改革的推进发挥了重要作用。

目前，学界对重庆、成都改革的讨论已非常深入，两座城市的具体做法也已经为人们所熟知，其中很多做法受到绝大部分学者的肯定，这里不必一一赘述。引起争议的做法也有，例如，薄熙来书记推动的“唱红”就饱受争议。我以为，如果在更大背景下看待这个做法，也许我们会多一些理解。

两座城市要推进改革，转变政府职能，公务员的素质始终是个短板。对于一个地方政府，提高公务人员的服务素质可选择的办法其实不多。大的政治体制改革决定于中央的部署，地方很难独立操作。再说，政治体制改革绝非三五年的事情，依靠这个改革来提高公务人员的素质，远水不解近渴。

中国的改革要从长计议。长远看，重庆和成都目前的改革不免有局限性，但这种局限性主要来自地方政府自身的局限性。很多改革，中央不动，地方就不免腾挪失据。中国要完成由军事命令体制向混合社会经济体制的过渡，需要处理好三大关系，一是处理好劳动和资本的关系，以解决基本民生问题；二是处理好中央和地方的关系：以解决纵向分权问题；三是处理好国家和社会的关系，以增进社会自由，建立民主政治。我希望这三个关系的调整分别用10年、20年、30年的时间段来完成。要一步一步来，不做不行，做急了也不行。光靠地方政府不行，中央政府也要行动。最近流行一个词语，叫做“顶层设计”，我认为很有意义。重庆、成都的改革有了一个良好开局，如何在全社会推广它们的做法，的确需要中央政府的设计与决策。

第四篇　政治理性

中国政治转型大抵是由传统乡村社会转向现代社会。这种转型在中国已经进行了一百余年，其间我们遭遇过难以计数的苦难。今后，不思进取和鲁莽行事这两种极端方式都将加大变革风险。唯政治理性可帮助我们继续前行。

世纪变革：城市牧歌和乡村挽歌的二重奏

最近读了网上一些朋友关于城乡“两个世界”的议论，犹如听到传统农村社会的挽歌，只不过那挽歌显得迷茫而彷徨。

“80后”、“90后”的农村青年大多并不真正了解农村社会，尽管他们与传统农村社会有割不断的联系纽带。因为不了解，便容易把农村生活的那种简单朴素幻化为理想社会的平等和自由。而离开家乡的农村青年初到城市又遇到生活压力，尝到谋生的艰辛，不免心生厌恶城市、向往家乡的情感。然而，大多数农村出身的青年还是最终在两难选择的矛盾之中落脚到了城市。他们的行动证明，人的思想往往会自我欺骗，而潜在人性的驱使反倒更值得信赖。

从典型意义上说，城市和传统乡村的确是两个世界。传统乡村社会的基本特点是物质匮乏，几乎没有财富积累，穷富等级比较固定，公共生活领域狭窄且受宗法关系控制，人无隐私和自由可言。此外，典型的传统乡村社会内部几乎没有市场交换，外部交换主要和达官贵人的奢侈生活有关。出身农村的青年对物质匮乏有一定了解，但对传统乡村社会的其他特点实际上没有亲身体验。他们没有在农村谋生的经历，养家谋生的是他们的爹娘。

在传统乡村社会，除贫穷之外，一般老百姓生活在没有隐私、没有起码人身自由的束缚之中。长辈对晚辈的指教天经地义，而族长、乡绅的金口玉言比法律还厉害。这里有一种无形的强制和普遍的压抑。美丽的乡村风光早已引起人们的审美疲劳，并不能丝毫减轻他们的压抑感。在这种生活中，人际之间的恐吓、强制和各种奴役性的潜规则所带来的精神折磨，远甚于物质贫穷的痛苦。我再次重复过去说过的话，典型的自然经济条件下的农村生活不是《艳阳天》、《创业史》和《刘老根》里描述的那种生活，而是陕西作家陈忠实《白鹿原》里的生活，是《红楼梦》里焦大、刘姥姥和佃户们过的生活。

正因为乡村社会的人身束缚具有普遍性，人们可能对此熟视无睹。一辈子生活在乡村的人们可能对生活没有多少抱怨，以为那是老天注定的。

但人们只要有了城市生活的体验，便会发现城市生活的魅力。城市经济需要专业化合作，至少在技术上提供了一种平等的基础。生产一台汽车，方向盘制造和车轮毂制造在技术上一样重要。城市生活能保有隐私也有巨大的社会价值，就连一定历史时期再狠不过的城市资本也不大会侵犯人们的隐私权。隐私是一个自由的心理空间，这种东西在传统乡村社会花多少钱也买不来。城市的货币交换还放大了人的能力的差异，那些有创造力的人和普通人相比，所获得的财富可以有天壤之别，而乡村社会里人们能力的差异不过是多种几亩地而已。

城市社会的魅力不止于此。年轻人喜欢谈爱国，其实真正的国家观念不是来自传统乡村社会。在乡村社会，人们有宗法观念，有皇权观念，有自然神的观念，这些观念基于外在的、前世发生的力量的统治，人们很难反抗。同样地，人们也不会有真正的国家观念，爱国其实是爱皇帝。只要皇帝倒掉，“国家”就崩塌，人们就服从新的皇帝。所以，在古代，游牧民族容易征服农业民族，因为游牧民族比农业民族有更强的地域观念；在近现代，工业民族更容易征服农业民族，因为工业民族的城市治理半径大，市场交易范围广，百姓具有真正的国家观念。这是解释中国过往历史的一种基本观念。西方人对中国一次次取得战争的胜利，不是西方人有三头六臂，而是中国百姓在不清楚皇帝是谁的时候，缺乏真正的“敌人”的观念。乡村社会的人们常常在家族械斗时更容易主动赴汤蹈火。近代早期，我们的士兵在战场上竟然朝天放枪，那无论多么先进的武器都派不上用场。洋务运动以后，中国逐渐有了近代工业，黄埔军校又传播了新的军事技术和军事组织知识，国家观念开始普及，中国人的战争能力才强大起来。从这个意义上说，爱国就要爱工业，爱城市，爱市场，就应仅仅把农业当作国家的基础，而不是基础上的大厦。

概念的讨论需要极端，而实际生活是模糊的。若做世界范围的比较，中国的城乡关系在历史上不同于西方。西方的宗法关系限于乡村贵族，而我们的宗法关系具有普遍性。我们这里是家国难分，只不过所谓“国”是皇帝的天下。一个村庄是小的宗法共同体，全天下则是大的宗法共同体。所以，中国乡村社会的一介匹夫也可以说“先天下之忧而忧，后天下之乐而乐”，虽然这个天下多是皇帝的天下。如今搞市场经济，这倒成了中国建立统一市场的宝贵历史遗产。因为这个历史遗产，像印度这样的国家，要在三五十年里赶上中国实在不容易。但我们千万不要盲目陶醉，以为这是中国乡村社会的优势。统一性只是外壳，如果没有现代性的内涵，没有市场关系的引入，我们断不会有今天。但总体上我对中国的前景很是乐观。

即使在当代中国，城乡界限也是灰色的。真正的传统村落越来越少，而我们的城市也不见得完全见不到宗法关系的影子。要知道，我们如果对城市生活不满意，其实讨厌的恰恰是城市的乡村烙印。例如，最令刚进城的农村出身的青年人窝火的是就业机会的不平等，人们感觉到种种潜规则在起作用，透明天花板压在头顶，职场是一个个土围子，有的职业领域除非你有特殊背景，否则就别想进到里面去。面临这种局面，年轻人不免沮丧、愤懑，乃至绝望。若回到乡村，发现那里发生了变化，金钱关系裹挟着宗法因素，温情的亲情面纱被撕得七零八落，也落得心灰意冷。有的乡村给8岁孩子开始做寿，甚至给家养牲口做寿！两相比较，仿佛在“不同人间切换”，且不知何处是个归宿！其实，这不过是乡村社会向现代化迈进过程中的瑕疵而已，能让我们心灵安家的，是让我们的乡村朝着现代化继续奔跑！

是的，几亿流动人口有自己的困惑和彷徨。没有什么灵丹妙药能让他们一剂服下便心爽气清。中国需要进一步现代化，且能够现代化。未来我们的城市会更多、更大、更加现代化。我们也将保有乡村，但现代化的乡村是城市的延伸，现代农业是城市食品市场的第一车间，而不是改头换面的宗法关系的堡垒。乡村经济将全面被现代信用关系所覆盖，城市所拥有的隐私保护和自由心灵空间也将延伸到乡村。这个过程不会太快，但趋势却不可逆转。

乡村牧歌是诗人虚幻缥缈的憧憬，而牧歌的自由精灵隐藏在城市。我们要吟唱传统乡村社会的挽歌和城市生活的牧歌，在时代咏叹的二重奏之中，确定我们每个人的心灵归宿。

让传统乡村社会成为一个“传说”
——关于“乡民”到“公民”的转变路径

在当今中国急剧变革的时代，思想界的活跃程度可与五四运动比肩，只是两个时期在媒体上的表现有所不同。思想界关注的热点之一是中国社会转型中农村和农民的变化轨迹。这个变化在大的社会转型洪流中看起来是小小的支流，实则与中国社会转型成功的命脉息息相关。在转型过程中，社会各界若能认清农民问题的性质，特别是决策层若能对农民转变的路径有正确把握，将有利于中国顺利完成转型任务。但从一些渠道披露的文献看，我国社会各界对这一重大问题的认识远未取得基本共识。这种情形不仅是一个遗憾，更是一种危险。

一、认识农民问题要逻辑一致，不要自言自语

知识界需要把农民问题当作一个科学问题来对待，而不是把农民问题的讨论当作学者本人价值观宣泄的机会。常常可以看到，有学者对农民问题的讨论纵横铺陈、旁征博引、泪湿纸笔，但下笔千言，离题万里，鸟朦胧、月朦胧，最终还是以自己的理想世界替代农民的现实选择。这不是科学态度。

科学地讨论社会问题的前提，要紧的是两条。一是要概念一致，否则无法对话；二是要价值中立，否则论者就难免把自己当成“教父”。

在人文学科领域，我们遇到的一个很大麻烦是学者们使用的概念系统常常不一致，以致论者自言自语，彼此间难以交流。笔者为避免这种情形，需要对本文使用的主要概念做一个说明。

1. 传统乡村社会是指没有积累、生产方式简单、习俗对公共事务有绝对支配力的社会。这种社会自然以农业经济为主。居民大体按血缘关系聚居并形成村落。支配公共关系的力量主要是宗法、宗教代表人物。居民对于由习俗和教义构成的公共准则，似乎是“一致同意”，好像产生了最优公共品供给，其实不然。习俗和教义压制了农业居民的自由，居民们没有其他选择的自由。

2. 中国大部分乡村社会已经不是传统乡村社会。判断乡村社会的标准不是文字符号，也不是政治术语或标签。进一步看，中国相当一部分乡村社会已经变成了城市社会，只是缺乏城市社会的基础设施。例如，在珠三角很多被称为“农村”的地区，其实已经和农村不相干。对这样的地区大谈“乡村治理”实在荒唐。另一方面，也不能说中国的乡村社会已经完成了向现代乡村社会的转变。

3. 从某种意义上说，“现代乡村社会”并不存在。一些发达国家把低于一定人口密度的大范围地区定义为乡村，仅仅在人口分布的描述上有意义，在社会结构上没有意义。现代农业的主体是专业农户，他们在社会权利上与城市居民没有区别，其身份仅仅有职业意义。他们住在城市外面，可叫做“城外市民”。

4. “乡民”并不是一个内涵十分确定的学术概念，不同论者对这个词语有不同的用法。本文所指乡民，是传统社会的农业居民。当今中国社会，严格意义上的“乡民”主体也不是农民的，因为他们或多或少卷入了市场化过程。

5. “公民”的内涵也不是十分确定。摆脱了传统乡村社会、进入市场化社会的民族国家的居民，可称作公民。本文主要在这个意义上论及公民。从广泛的意义上说，公民是一个政治概念，指一个民主社会的合法居民。在这里强调摆脱传统乡村社会是有意义的。传统乡村社会是接近“原生态”的社会，居民没有国家概念，而多有宗法概念或王（皇）权概念。中国北方居民的皇权概念比较强，而南方居民的宗法概念比较强。宗法概念似乎与关于“国家”的语境不大一致，但实际上却与公民概念比较接近。

本文将依照以上的意思来使用相关术语。西欧乡村历史与中国有很多不同，考虑到本文的篇幅，对于由此引起的术语差异在这里不做讨论，尽管这样做有很多麻烦。

二、从哪里来，到哪里去

传统乡村社会解体，乡民转变为公民，具有必然性。这种必然性是由市场化过程引起的公共领域的扩大决定的。在传统乡村社会，生产方式基本没有变化，相应地，其公共生活也比较简单，通常按惯例习俗处理公共事务，所以很少有需要讨论的新的公共事务。大家都是习俗的接受者，所以，“一致同意”

事实上成了公共事务决策的通行原则，只是这种“一致同意”并不真正和谐美妙，因为居民通常以牺牲自由来服从习俗的繁文缛节。

传统社会在族群联盟的安全事务方面实行的是“一个人（或一个集团）同意”原则，即独裁社会的原则，或者说是军事管理的原则。军事的阶位会演化成社会的等级，社会关系中的依附一如军队中的服从。中国的皇帝发明了颇受西方人推崇的文官制度，文官的产生甚至采用了考试录用的方式，但这也不过是最高军事领袖为钳制下级军官而设计的一种制衡制度而已。这种制度只在战争间隙发挥作用。一旦战争开始，一个农夫可能会成为战争机器的螺丝钉。

类似于中国的文官制度产生了对军事领袖的分权，欧洲产生了宗教和自治城市对世俗军事共同体的分权。教廷有时候也操起武器，以上帝的名义发动战争。宗教共同体给自己戴上神圣的光环，使得一部分易受精神伤害的人对它有了更强的服从和依附。

中国的文官分权和欧洲的宗教分权绝非没有历史意义，它们对各自传统社会解体的速度和方式多少产生了影响。但是，中国和欧洲的传统社会尽管有诸多不同，它们的共性却是异常鲜明，那就是对身份的依附，对暴力的服从。依附军事领袖的文人墨客发明了种种论证既定制度合理性的话语体系，提出了种种维护军事共同体的道德规范，蒙蔽着精神脆弱的人们。近代思想家把这叫做“以权为本”或“以神为本”，其实，说穿了，就是以军事共同体的领袖为本。近代思想家还发明了另一套话语体系，说传统社会没有自由，没有平等，没有公正，没有民主，应该颠覆这样的社会。

传统社会的合理性存在于历史当中。人类结成大大小小的军事共同体，并使这种共同体成为社会的主体形态，是生存竞争的需要。传统农业社会由一个个“熟人社会”单元构成，根本就不需要民主，而需要在社区中“一致同意”，在大共同体中“一个人同意”。

合理性并非现代意义上的和谐性。士兵、俘虏、奴隶等一切推动军事机器运转的低层民众并非自愿和军事共同体的领袖们达成社会合作契约，这不像一些学者说的那样，贵族给穷人提供保护，穷人以限制自身自由达成对贵族的依附。这里有服务的“交换”，但不是自由的交换，而是一种暴力的强制。

所谓乡民转变为公民，不过就是社会经济基础变化以后，人们在公共领域的行动规则发生适应性变化。这种变化主要是两个方面，一是在民族国家形成的基础上对各级政府的首长和立法代表遴选实行“少数服从多数”的票决制，二是在社会范围里尽可能地将包括合理习惯在内的公共准则转变为法律，形成对法律的“一致遵守”准则。只要法律不禁止，任何人可自由行动。

三、乡民转变为公民是“惊险一跳”

乡民转变为公民，是一整套制度的变化，也是人们利益关系的大调整。这个过程可以充满刀光剑影、血雨腥风，也可以风雨兼程、波澜不惊。究竟闹出什么结果来，固然与一个国家的历史遗产有关系，但也不能简单地说是由“上帝”决定的。例如，中国社会转型的命运就操持在我们这几代人手上，特别是与当代核心政治家的决策与行动能力有关。

在这里，我们不用列举转型成功与失败的种种案例。仅就中华民族来说（笔者强烈主张中华民族作为主体民族的客观性），如果没有一套成功的社会转型战略和策略，将意味着巨大的民族灾难。长话短说，笔者最担忧的是社会认同和民族认同出大问题。社会认同出了大问题，将意味着不同社会阶层之间的敌意与仇视；民族认同出了大问题，将意味着国家分裂。已有的关于人权与主权关系的争论过于书斋气，反映了当下社会精英急功近利的思维方式。实际情形是，主权可以塑造，人权需要主权保护。如果我们没有一个好的主权塑造战略，异想天开地按300年前欧洲的主权塑造来要求中国，恐怕中国的富强将是春梦一场，中国人的人权也将是镜花水月。

如果让中国实现波澜不惊的转变，我看就要把握好转变的节奏，不要急于求成，当然更不能不思进取。必须在下面几个条件逐步发育的过程中，有节奏地促进中国社会全面转型：

条件一：中产阶级获得充分发育，并在经济上拥有独立性，不依赖特殊的政治资源。眼下国家推动的社会收入分配政策有利于这个条件的形成。顺便说，我认为70%的中国百姓可以有自己的独栋住房，为此要有一个思想解放的民生战略和土地改革方案。

条件二：贫困人口的比重足够的低，任何一届政府都能够保障其基本的生存资源。有了这个条件，激进政治家会丧失土壤，不容易发生暴民政治。

条件三：发展适度的富人政治，使得政治家离开政治舞台也能保持一定水准的生存资源。政务员岗位应有序地向成功商人和社会贤达开放。此举会有举一反三功效。

条件四：国家基础设施先进，市场高度一体化，区域封闭被打破，特别是民族地区的区域封闭被打破。

条件五：全社会广泛达成民族文化认同。这是塑造主权的基础工程，也是民族国家稳固的基础工程。

以上文字似乎把乡民转化为公民这件事大大夸张了，但笔者认为没有一个大局观无以认清这件事的意义。把乡民转化为公民，是具有多种侧面的过程，其政治身份的转化，的确要慎重，来不得浪漫主义。但这个转化还有经济的方面，有发展条件的转化，这些转化其实也是上述五个条件的形成过程。

四、让传统乡村成为一个“传说”

让乡民转化为公民，就是要让传统乡村社会解体。提出这个说法会让具有很深乡村情结的人们难受。

抛开长远的政治转化不说，在未来一二十年里，我们要达到这样几个目标：

第一，在全国范围里消除社会治理的二元机制，将所谓乡村治理转化为城市治理，实现社会治理的一元化。

第二，农村大量人口一部分进入现有各类城市，还有一部分进入新兴城市，其余农村人口转变为专业农户，分散在300万个左右的小型居民点中，使农村真正成为农民的工作与生活区域，且农民仅仅有职业身份甄别的意义，其余社会身份和城市居民完全一样。小型农村居民点将不再需要设立独立的公共组织，他们的公共事务归并于小型城市或其他类型城市的郊区政府。

第三，在可预见的未来，中国仅仅需要大约5000万各类农户，这个数量的农户有一定的经营规模，其收入水平可达到全国平均水平。大部分农户可进入中产阶级行列。

以上社会景观的出现，将意味着传统乡村社会的消失。传统乡村社会将是一个“传说”。

对于中国民主政治的发展路径，我们必须重新思考。乡村社会越发达，其实越容易蜕变为城市社会。农业变成了城市化分工体系的一个分支，专业农户也卷入城市经济系统，变成了“城外市民”。当我们说发达的乡村社会才有对民主政治的需求时，其实是指城市社会对民主政治的需求。换句话说，“发展乡村民主政治”这个表述，其实是一个虚假表述，应该表述为“发展城市民主政治”。一个区域，一旦它产生了对民主政治的需求，就意味着它已经是城市化的社会。也许我们仍然按习惯把一个地区称为乡村社会，其实它在本质上已经是一个城市型社会结构。

我们在长三角、珠三角地区看到，那里的村庄已经高度非农化，尽管在我国行政建制上把它们看作乡村，并且使用“乡村治理”这样的政治术语来指称这类工作，但在工作内容上看，已经和农业关系不大。这里当然也存在“表述的滞后”对实际工作的消极影响，甚至可以说这种影响还很大。正因为如此，我们才会认为，有必要通过理论认识的深化，及时转变政治用语，以消除似是而非的政治用语的影响。

我们不必把传统乡村社会的挽歌当作恋歌来唱。谁也不要想做农民的救世主，不要想替农民作出选择。近20年里，尽管我们给城市设立了那么多门槛，但农民兄弟们仍义无反顾地进入了城市。这是他们自己的选择。嘴上说热爱农民的朋友们，就为农民的自由而呼吁吧，千万不要以为自己比农民更聪明。

我们也不要夸大农民的恋土情结。这个情结城里人也有。一家农户几亩地就是农民的“社会保障”？未免太便宜了！如果政府的土地规划能严格实行，农地的价格会很低。我当然反对城市利益集团用各种手法掠夺农民的土地，但我同样反对仅仅把几亩地当作农民的“社会保障”。在这个问题上，我们还是要坚持一个基本原则，那就是尊重农民的选择，他们的土地由他们自己决定如何处置。

我们更不必拿“乡村文化”当“中国文化”，进而让农民扛起“继承和弘扬中华文化”的大旗。与西方相比，中国历史文化的城市色彩更加浓重，西方能让乡村现代化，我们的乡村就现代化不得？也不要天真地以为传统乡村社会更“绿色”，更加体现“天人合一”的道统。以单位GDP来说，传统农村社会的污染水平比城市只会高不会低。

懂战争，方能懂和平

在这个纷扰的世界，每天都有血腥杀戮的新闻报道传入我们的耳目。个别的杀戮被叫做犯罪，集团间的拼杀则被叫做战争。政治家们一边在制订和实施法律来惩戒犯罪，另一边又运用法律去要求大批人走上战场，斩杀被他们宣布为敌人的人们。

聪明的政治家既会利用战争，又会创造和平。当然，政治家不是都聪明，即使他们聪明，也未必总能驾驭局势，所以，这个世界总有愚蠢的战争和脆弱的和平。

理解战争不易，以至于罗伯特·罗素专门写了一本书《人类为什么战斗》。关于战争根源的分析，读他的书时如醍醐灌顶，产生理性对话的快感。

罗素说，在表面上，战争好像是天经地义的事，人们难以察觉到战争的奇怪之处。对于具有好战本能的人来说，打仗确实是自然而然、合乎理性的事。但对于不具有这种本能的人来说，战争的奇怪之处则与它的平常之处同时存在。一个法国艺术家原本对战争麻木不敏，突然间他却奉命向德国人开枪。朋友们确定无疑地告诉他：那些德国人是劣等民族。同样地，一个德国的音乐家可能有类似的遭遇。于是，他们两人只好互相开枪，否则，他们就会被自己的同胞杀死。失去音乐家，法国人高兴；失去艺术家，德国人高兴。可是没有人想到，不管杀死谁都一样，都使文明蒙受损失。罗素说："这是发神经病的政治。"

罗素没有止于对战争的简单诅咒，他对战争的根源有很深入的分析。部族情感、宗教情感以及共同体对安全的需要，都会由政治家和宗教领袖加以强化，在人们心中塑造出一个非予以消灭不可的敌人来。部族情感会演化为爱国主义意识，它唤起人们最优秀的品质，不惜为民族利益而付出牺牲。

如果战争的根源之一是部族感情、共同体利益（有时候是政治家的利益），那么，文明进步的标志就是部族边界的消融和政治家的克制。但这个过程太过漫长了。

据考古学家说，当今世界的所有人，大概是一个非洲原始人部落的后裔，这个部落也就包含了区区几十个原始人。也许非洲这个地方曾经跑出来过很多个原始人部落，但只有其中一个部落的后裔在这个世界上繁衍生息，形成当今的人类群体。尽管这个群体有共同的祖先，但祖先的子孙们却异常不安分，相互纷争不息。人类的历史几乎就是战争史。这让人着实感到悲伤。

可以想象，我们的祖先们为了生活得好一些，不断地分化出小股队伍，去开发新的处女地。在新石器时代到来前的几百万年里，一伙人一旦获得一块相对丰饶的土地，便发育为大的共同体，形成部族。部族间缺乏交流，彼此就生出差异来，所谓“五里不同俗，十里不同音”。特别是寒冷地区的人为了御寒，在自然选择规律的作用下，人们有了长鼻子、深眼睛、白皮肤的特征，其他地带的人也有了其他种种适应环境的相貌特征。加上语言的差异，人们就生出隔膜来了。普遍的隔膜容易幻化为普遍的敌意。

部族为生存而产生共同利益，部族间难免因利益发生冲突。部族里有风险偏好的人容易被推举为领袖，而部众对领袖的回报，便是对领袖的拥戴乃至神化。领袖巩固自己地位的办法之一，是放大部族的生存风险，把幻想的敌人变为现实，把现实的敌人变为恶魔。专制的舆论和激进的宗教领袖，都可以成为他们的帮手。

部族向国家转变，直到民族国家形成，国家的边界才相对固定下来。消融国家边界的力量来自贸易和分工。贸易消除隔膜，分工促成依赖，而经济发展创造了资源和人口之间平衡的可能，于是，和平曙光亮起。

世界和平不是乌托邦。现在，欧盟越来越像一个国家了，这不仅是在法律上，在欧盟人民的心里也是如此。记得曾经和一个英国农场主聊天，话中他说起政府给他的农场补贴了多少多少钱，经仔细询问，原来他说的“政府”就是欧盟总部。对欧盟离心倾向很强的英国国民尚且如此，更遑论其他国家国民了。这在100年前是不可想象的。

还有，我们能说美国是一个民族国家么？我看美国和欧盟都是超民族国家。发达的基础设施和统一的市场造就了这种新的国家形态。这还是证明了分工和贸易是消除部族敌意、塑造部族和平的有利因素。

在多民族国家，聪明的政治家应该努力发育和平力量，尽量消除国内民族之间的隔膜，在各民族间实行一体化的政治经济政策。苏联在这方面是失败的。它们的革命政权建立以后，竟然在内部长期维持很多共和国并存的格局，还以为那是一种进步。欧洲在同一历史时期给我们提供了两个相反的政治变迁案例：一个是欧盟，它使多个民族实现了联合；另一个是苏联，它使本来联合起来的多个民族分道扬镳。这种差异的发生当然有经济基础的因素在起作用，但政治家对历史的担当能力的差异，也具有关键性的意义。

在写下上面这些文字的时候，我在为我们自己的国家祈祷、祝福。

“和谐社会”考

“和谐社会”已经成为我国政治生活中的一个核心术语。由这一核心术语以及相关政治思想逻辑所形成的治国理念与中外政治思想史有某种历史传承的性质。讨论这种传承性质对于我们廓清“和谐社会”的概念有一定意义。

中国古代思想家的社会理想

中国古代重要思想文献中鲜见“和谐”一词，但关于理想社会的学说构成了文献内容的主体，儒家和道家的文献尤为如此。

儒家文化传统倡导“天下为公”，给人制定了“正心、诚意、修身、齐家、治国、平天下”的道德标准和追求“千年至仁之人极”的社会理想。传统儒家的政治思想，其核心可以概括为“人性本善”，这也是他们的治国指南。追求个人私利是实现治国理想的阻碍，牟利是说不出的罪恶（黄仁宇语）。

儒家经典的内容包罗万象，其中有空想成分，也有现实主张。前者已经遭后人批判，后者却常常被忽视。其实，《论语》中有不少关于人性的实证性分析，分析结论有助于有效治理国家。孔子评价求（人名）“不知其仁”，却认为这个人“可使为其宰”（《论语·公冶长》），说明他对为政之道持有非价值观的看法。孔子虽然倡导以“仁义”治理天下，但他却往往以利己人假说来判断事物发展的后果。子贡从诸侯国赎回一名鲁国人，但却推辞应得的酬金。孔子批评说：这次你就做得不对了，酬金是为了奖善，取酬金无损于你的德行，而不取酬金今后鲁国人就不愿意再赎人了。这说明，孔子对一般人作“性恶”的评价（与孟子不同）。另一被人们看作是儒家政治家的管仲，大体上也持这种看法。

但在儒家学说的后来发展中，只有陈亮、叶适、颜元和戴震等人继续发展了功利主义思想，可惜它未能占主导地位。儒家的“以仁为本”的规范性学说到后来发扬光大，成了统治者治国的主导思想。到了“程朱理学”那里，儒家学说已经显现了腐朽气息。许纪霖先生批判说，这套说教“以价值判断代替事实判断，搞出来的理论多少偏于炽热的情感，而缺乏客观、冷静的知识论支持”。这套伦理价值观被用来诠释政治，结果是“以道德规范代替政治设计”，创立了一个“内圣开外王”的假逻辑（朱学勤语）。

中国古代其他一些重要文化典籍也有实证分析思想。《吕氏春秋》云：“名号大显，不可强求，必繇（用）其道。治物者不于物，于人；治人者不于事，于君；治君者不于君，于天子；治天子者不于天子，于欲；治欲者不于欲，于性。性者万物之本也，不可长，不可短，因其固然而然之。此乃天地之数也。”（《吕氏春秋·不苟论·博志》）这一段话所言“性”，虽已超出了我们这里所讲的人性范畴，但从行文前后看，无疑包括了人性，这个思想与现代经济学的“利己人”假说相当一致。在中国古代文化典籍中类似的记载不胜枚举。

道家的“无为而治”思想不为后世统治者所喜欢，却越来越被供奉在学术庙堂。老子说：天下多忌讳，而民弥贫；民多利器，而邦家滋昏；民多智慧，而邪事滋起；法令滋章，而盗贼多有。又说：治大国，若烹小鲜。我们不能说道家已经掌握了建立“和谐社会”的真谛，但他们的思想多少有些“小政府、大社会”的现代治国思想的影子。

农耕文明远非和谐社会

“和谐社会”这个概念流行开来以后，怀念农耕文明的言论多了起来。没有亲身经历过那个社会，又不肯读书思考，便会以为那必是一个山明水秀、风清月朗的社会，也是一个长幼俨然、尊卑有序的社会。总之，是“天人合一”的和谐社会。

其实，在典型的农耕社会，山明水秀大抵不假，人际和谐则完全不是那么一回事。农耕社会是以人身依附关系为特征的社会，在中世纪的西欧，农奴依附领主，小领主依附大领主；在中国专制社会，老百姓依附官僚机器。

农耕社会的简单生产方式，必然决定人身依附关系的产生。因为主要社会阶层都依赖农业，手工业和商业处于附庸地位，社会就产生不了超脱于生产的公共部门，在一个村落里更没有独立的公共权威。这里也有公共事务，但那是宗法领袖的兼职事务。在农业村落里，因为大家自给自足，没有建立在互通有无基础上的买卖关系，换取公共服务的筹码便只能是非物质的东西，这就是公共事务以外的服从。这里的公共服务主要是内部秩序的维护和对外的安全保障。特别是在对外冲突中，乡村领袖承担很大风险。他们的风险收益是公共事务以外发生的家族成员对他们的服从。

服从的含义是社区成员大大压缩自己的私人活动空间，将大量在现代人看来是纯粹私人的事务变成“公共事务”，并交由社区权威来控制。社区权威对这类事务制定一种规则，谁违反规则，就给予谁惩罚。权威的产生，自然是不需要民主的。宗法关系，官府背景，或暴力资源，都会是最主要的决定权威产生的因素。

农耕社会的人们究竟在多大程度上压缩了自己的私人活动空间，从一部《礼经》便可看出大概。小到吃饭穿衣，大到婚丧嫁娶，都有过了头的规矩。尊卑长幼之间更是有数不清的清规戒律。所以，鲁迅先生便说礼教社会是一个“吃人”的社会。中国古代妇女裹足的陋习，印度等南亚国家至今尚存的对妇女的不公正待遇，都是农耕社会极度压缩人们私人活动空间的表现。大学者韦伯的说法一针见血：农耕社会的规则“不是对抽象规范的服从，而是一种严格的个人效忠”，它的“最大特征是权力的专断性与随意性”。

若有学者以为农耕文明社会就是“桃花源”，那无碍大局，因为农民会用自己的脚来证明学者们犯了错误。如果政治家和学者一样也昏了头，他们就会想办法把农民束缚在农村，不让农民进城，以为这样可以解决许多难题。现在看来，这种可能性不大。

知道了农耕社会虚假的和谐性，我们大概就不再会上那些想开历史倒车的人的当。

西方思想家的“和谐社会”理想

有一种说法把“和谐社会”看作是专属东方文化体系的东西。有论者认为，与“西方中心主义的发展模式”相对立的是东方文化体系，前者认为西方模式“在处理人与自然、人与社会的关系时，它所秉持的理念是竞争、增长和发展，而不是和谐”。东方文化的标志则是“道家文化中的‘无为’、儒家文化的中庸、佛家文化中的静修”等。对这种说法我很怀疑。

从古到今，欧洲学者也有一套又一套的关于理想社会的学说。古希腊的柏拉图写了《理想国》，但“他的理想国只是埃及种姓制度在雅典的理想化”（马克思语）。亚里士多德的《政治学》也提供了一堆关于“好社会”的说教，他的规范性分析在科学方法上并不比孔子高明多少。

欧洲学术思想在启蒙运动中提出了系统的、有科学结构的和谐发展思想，后来西欧经济学的发展进一步确定了和谐发展的科学内核；以尊重“自然秩序”为核心概念的法国重农主义学说应该是最早的关于和谐发展的系统阐述，连马克思也十分欣赏它的某些理论片段。这个理论的思想来源，一个是所谓宗教的“乐观的、诚实的态度”，一个则是开普勒的天空和谐理论。前者只是一种态度，并没有社会和谐的可持续的基础，后者则已经接近科学思想了。

后来的西欧经济学家致力于将和谐发展的思想与他们对市场经济的科学建构统一起来，并至少产生了一个在逻辑上有自洽性的理论结构，其代表性成果是亚当·斯密的《国富论》。20世纪50年代，美国经济学家凯里在自己的著作中完全把“经济和谐”当成了科学范畴。再后来的福利经济学试图全面建立各类市场主体都实现利益最大化的“一般均衡”，应该是对描述和谐经济关系的进一步的努力。尽管这个努力受到不少批评，但目前还没有更好的理论能够替代它。

主流经济学关于和谐社会经济的思想经由哈耶克的工作而变得更为丰富和扎实，现代经济学家会把哈耶克看作经济和谐思想的集大成者。概括地说，现代西方主流的和谐社会理论的要点是：第一，承认“自然秩序传统”的客观性，所有遵循这种传统的行为法则都有可能相互协调，并且变成人们所认可的习惯；第二，这种传统不是人精心设计的或实施计划经济的结果，而是来自独立活动的个人的自然的相互作用，市场竞争给人的独立活动提供了条件。

大名鼎鼎的美国“非主流经济学家”加尔布雷斯在88岁高龄时出版了《好社会：人道的记事本》，讲了他自己的“美好社会”蓝图。他认为，好社会的基本内涵是：所有的公民必须享有个人自由、基本的生活水准、种族和民族平等以及过有价值生活的机会。他提出的一大堆“好社会”应该奉行的主要原则，多少有点像我国领导人的政治报告。西方主流经济学家不大欣赏加尔布雷斯的这种说教，但他的思想似乎很对我们的胃口。

西方的“和谐社会”理论的确有可借鉴的地方。关键问题在于如何确立和谐社会，而不仅仅是提出建立和谐社会的目标。这方面西方也有自己的教训。曾经有一些西方学者坚持一种“极端理性主义”立场，以为可以通过政府严格的计划来安排出一个和谐社会。通过一些国家的失败教训，他们才认识到要到达和谐社会不是仅仅靠计划能安排出来的，由独立活动的个人通过市场竞争才能构成和谐社会的基础。对政府计划的盲目迷信只能导致一条“通向奴役的道路”。

中国当代政治家的和谐社会观

在中共十六届六中全会之前，“和谐社会”这样一个政治术语对党和民众来说都是很陌生的。在主流意识形态的政治词典中不容易找到关于和谐社会的定义。理论家也许使用过“和谐社会”这个词语来讨论问题，但没有哪个重要思想家把“和谐社会”看作一种社会形态或将其作为某个历史阶段的特征。2004年中共中央总书记胡锦涛把建立社会主义和谐社会作为一个重要政治目标提到了全党和全社会面前。熟悉党的历史的人都应该知道，这个变化所意味的党的意识形态的转折程度超越了以往任何历史时期。全党和全社会将承受和谐社会建设之重。

基于总书记的讲话，中共十六届六中全会通过了《中共中央关于构建社会主义和谐社会若干重大问题的决定》。这是中共思想史上甚至是中国思想史上第一次对和谐发展所做的系统的、具有一定科学精神的阐述，其之所以达到这样一个水准，与其说它来自儒家经典思想，不如说它来自当代共产党人对中国20余年市场化改革的经验总结。文件指出，根据马克思主义基本原理和我国社会主义建设的实践经验，根据新世纪新阶段我国经济社会发展的新要求和我国社会出现的新趋势新特点，我们所要建设的社会主义和谐社会，应该是民主法治、公平正义、诚信友爱、充满活力、安定有序、人与自然和谐相处的社会。更抽象地说，和谐社会是依赖法律和道德调节社会利益冲突的社会，法律制度是通过民主政治建立的，道德是建立在民族优秀文化长期积淀基础上的。

中共十七大政治报告进一步深化了对建立和谐社会的阐述。报告认为，社会和谐是中国特色社会主义的本质属性。构建社会主义和谐社会是贯穿中国特色社会主义事业全过程的长期历史任务，是在发展的基础上正确处理各种社会矛盾的历史过程和社会结果。建立和谐社会的主要政治策略是统筹兼顾，包括统筹城乡发展、区域发展、经济社会发展、人与自然和谐发展、国内发展和对外开放；统筹中央和地方关系，统筹个人利益和集体利益、局部利益和整体利益、当前利益和长远利益，充分调动各方面积极性；统筹国内国际两个大局，树立世界眼光，加强战略思维，善于从国际形势发展变化中把握发展机遇、应对风险挑战，营造良好国际环境。

可以说，新一代中国政治家提出的和谐社会的五大目标继承了人类历史的进步思想，坚守了世界文明的普遍价值。讲民主法治、公平正义，完全肯定了近代启蒙思想的合理内核。讲诚信友爱，也与中国古代先哲在宗法思想以外的人伦精神一脉相传。同时，和谐社会五大目标也不是前人思想的“大杂拌”。我想特别指出，这个和谐社会理论从两个方面和“伪和谐”理论划清了界限：

第一，和谐社会理论与“儒学计划经济”形成了显著区别。到现在，还有人认为“儒学”不张是因为它缺乏计划经济的支撑，而计划经济不成功是因为没有“儒学”的性善论思想做基础。他们欣赏“道家文化中的‘无为’、儒家文化的中庸、佛家文化中的静修”，要用这个东西加上“计划经济”来解决当今世界难题。他们把“竞争、增长和发展”看作是“西方中心主义”的发展模式。与此相区别，中共十六届六中全会的决定指出，要“切实抓好发展这个党执政兴国的第一要务”，“坚持发挥生产力作为最活跃最革命因素的决定性作用，坚定不移地通过深化改革破除各种障碍，完善公平竞争机制，健全现代产权制度，不断解放和发展生产力”。

第二，党的和谐社会理论也和无视社会矛盾冲突的浪漫主义相区别。一个社会不可能没有冲突，不可能没有裂痕。好的社会在于不断地用自己的法律制度和道德力量化解冲突、融合裂痕。如果政治家不敢正视社会冲突和裂痕，也就不可能担当起完善法律制度、建立政治文明的重任。所以，十七大政治报告才提出了一系列解决社会矛盾冲突的统筹兼顾政治策略。

中国有没有可能最终建立起“和谐社会”？这要看中国能不能通过深化改革沿着新的政治路线继续前进，能不能进一步提高社会多元化水平，能不能在社会组织化水平方面更上一个台阶，能不能更好地处理公平与效率的矛盾，最后，是能不能在政治民主的道路上持续进步。实现这几个方面的目标是完全有可能的。如果否定这种可能性，就根本地否定了中国历史文明的价值。

政治正确：精细的和简约的

赵本山主演的电影《叶落归根》中，一名抢劫者操河南话引起了社会部分舆论的持续关注，这是小题大做么？我认为不是，尽管议论者常常言不及义。也许电影的主创人员是为了让这个片子显得生动，这自然是好的动机。但我们的现实是，部分国人的地域人群观念中已经对河南人有了明显的社会心理学所说的刻板印象（stereotype），即有了一种多少带有敌意的认知成分，而片子让劫匪讲河南话，便是对这种认知的迎合。这种现象的产生以及它所遭受的批评，也是一种政治，是一种精细的政治。电影创作大略可以被看作是社会精英分子的活动，社会对他们不仅有艺术水准的要求，还要求他们在政治的精细层面上有把握的能力。从后面的标准看，《叶落归根》的主创人员是失败的，也就是说他们的政治不正确。在我看来，且不论部分国人针对河南省人的刻板印象是不是事出有因，作为电影主创人员，明知刻板印象的存在，还用自己的艺术作品强化它，着实是不可取的。

把众人划分为不同的类别，有的属于自然的范畴，如男人和女人；有的属于经济的范畴，如不同的职业群体；还有的则属于社会政治的范畴，如不同的党派。但是，前两种范畴的划分若过了头，也就和政治有了瓜葛。如果把"政治"看作人们关于公共关系的基本观念以及处理公共关系的基本规则，那么，"政治"的内涵其实是很宽泛的，并不限于关于国家权力归属的意义。例如，把人分为白人和有色人，其本身并不涉及政治，但一旦一种人对另一种人有了偏见，并实施了歧视性行为，就涉及政治了。

普通大众"认知"他人的时候，会有多种多样的见识，这些见识会类别化为概念，有的概念会成为刻板印象。受家庭、社会和激进政治家的影响，这种刻板印象常常包含谬误。一个社会对这种谬误的主导性的态度，是判定这个社会好与坏的标准之一。

社会心理学对“类”的认知和歧视行为的产生有一些成熟的、广泛被接受的看法。第一，人或人群之间的确是有差异的，但其中有的差异是可以变化的；第二，基于人群实际差异而产生的类别化概念有某种积极的方面，例如，它有利于人们对复杂的社会信息进行快速处理；第三，人群之间的差异一旦被概念化而形成刻板印象，往往会被放大，导致偏见的形成；第四，刻板印象与偏见常常成为消解社会和谐的因素，有的时候可能被激进政治家利用，从而成为加剧社会冲突的因素。社会心理学家对这些现象的发生有自己的不同解释，其中一种有说服力的解释叫做“群体竞争”理论。按这个理论，人们之间总是要为更好的生活而竞争的，在竞争中总会要结成共同体。为了凝聚共同体的力量，人们习惯于确立共同体的认知标准。这种习惯会延伸到其他领域，使人们广泛地依照不同的尺度来划分人群。所以说，划分人群，设定自己的共同体归属，是人们心中根深蒂固的东西。

关于人群的刻板印象和偏见的确有加深社会鸿沟的危险，社会上被歧视的人群在条件合适的时候会施以反抗。即使没有这种反抗，它仍然在湮灭社会活力。例如，人们常常对老年人有刻板印象，而美国人的一项实验证明，以是否接受对老年人的刻板印象为标准，将老年人分为两组，接受刻板印象的一组更容易发生痴呆等负性反应，而另一组则不容易发生。这说明刻板印象会促成荒谬和不公正的后果。第二次世界大战中德国法西斯对犹太人的屠杀，也利用了欧洲人对犹太人的刻板印象。正因为这种消极后果的存在，在一个稳定的、价值取向积极的社会，居于社会主流地位的人群为了社会稳定会采取一种弥合社会鸿沟的政治态度。这样一种态度一旦产生，会通过一些政治工具弥散到更多的社会成员中去，于是便成为一种社会大众普遍接受的意识形态。这是一种良好社会的标志。在一些国家，这种政治态度已经相当精细化了，并不限于党派之争。

拿美国社会为例，其实一般美国人的种族、民族分野的心理是很强烈的，但美国的社会政治精英们总是刻意避免在公共事务中提及这种分野。相反，一些心理实验表明，很多美国人在公共场合会刻意地表明自己的不偏不倚，尽管他们在不同程度上存有相反的心态。反观我们国家，大众对某些人群的刻板印象似乎相当泛滥，社会精英对此熟视无睹，甚至火上浇油，没有一点精细层面上的政治正确的觉悟，想来实在令人感到遗憾。

为什么我们的社会不能有起码水准上的精细的政治正确？我看和基本的、简约的政治正确未能强有力地主导我们的社会有关。简约的政治正确涉及人们对自由、民主和社会公正的基本态度以及相关的政治架构的建立。几十年的户籍制度蛮横地将城市人和农村人分隔开来，在如此粗暴的人群分隔制度下，人们还能顾得上政治正确的精细化么？山西的奴隶工场在奴役劳工时敢于践踏基本的政治准则，湖南人与河南人的区别又有什么要紧？如此看来，在中国要产生精细化的政治正确需要一个社会前提，也需要一个相当艰难的社会变革过程。

竞选一定是烧钱么？

2008年上半年，美国的两大政党在搞他们自己的“党内民主”，几位政治家正在为获得党内总统候选人提名而竞争。这些政治家，无论谁最后获得本党的提名，都自然成了本党的领袖。这种党内民主似乎也不是在“党员”内部玩，而是搞到了全社会，谁获得较多的选民支持，谁就获得本党的总统候选人提名，谁也就成了党内的最高领袖。只要是公开竞选，就要花钱。从2007年开始，美国两大政党的几位精英就分别开始了党内提名竞争，每位竞争者开始大规模募捐政治资金。新的报道说，前总统克林顿夫人希拉里·克林顿似乎在财力上有些捉襟见肘，筹资不足，不得不自己掏腰包补充竞选资金。到2008年6月，两大政党的“党内民主”搞下来，花钱总数不会少于1亿美元，如果把志愿者的时间投入折合成金钱，竞选花费还会更多。6月以后，两大政党的总统候选人还要更大规模地开展竞选活动，花的钱会更多。

记得过去有一种说法，认为竞选花钱是资产阶级虚伪民主的表现之一。如果不花一分钱能选出百姓认同的官员来，那自然是一件好事情。但仔细想来，这种可能性不大。曾有报道说，当年伊拉克的萨达姆也搞选举，没有花多少钱，却能获得百分之百的选票，我想大概没有多少人把这当真。如果说竞选会浪费金钱，这在萨达姆那里才是真的，因为投票选举只是做做样子，选举的结果早已是板上钉钉了。那种选举也不用花萨达姆的钱，全由纳税人承担了。

要真正搞公开的民主选举，且不用暴力威胁来影响选民投票，花钱是少不了的。西方民主政治最重要的两个特点，一个是政治家的专业化，一个是政治家之间的竞争。自然，民主政治并不总是适合于一切时代，在以往大部分人类历史时期，用不民主的办法来确立各类政治领袖的地位，也算不上荒唐，甚至可以说十分必要。在自然经济为主的小型社区，也即我们常说的“熟人社会”，用习惯就可以确立社区政治领袖，不需要花钱竞选。跨出“熟人社会”，人们需要的公共服务主要是“国家安全”，那也用不着民主政治，那些在马背上打天下的军事领袖足以担当重任，也用不着在全国花钱搞竞选。军事领袖的家族组成朝廷，代代继承下来，也有不少成功的故事。朝廷更迭常常会带来血光之灾，为人们所诟病，但那时的确也找不到什么好办法来避免它。只有社会条件成熟到一定程度以后，才产生民主政治的需要，而这种政治总是要花钱运转的。

政治家不张嘴，选民便无法知道他的政治见解；政治家彼此之间没有竞争，他们的信息披露的公开程度便会大打折扣。在所谓“熟人社会”之外，公务人员很容易将自己的信息隐蔽起来，或者说，公众要获取政治家的信息要付出极高的成本。特别是有关政治家品行的信息，更难以为普通百姓所知。所以，竞选过程也就是政治家的个人信息披露的过程。政治家要竭力向公众推销自己，就不得不花钱做宣传。在类似美国这样的社会，如果现任总统有资格竞选连任下一届总统，他可以少花钱。如果他本届任期的政绩不为选民所认同，花钱再多也不行；相反，若他的政绩可观，便可以少花钱获得连任。特别是在国家政治形势紧张的时期，执政党的领袖可能会树立力挽狂澜、拯救国家的英雄形象，在竞选中也就容易获得选民支持。

其实，政治竞选过程中的信息披露是互动的，并不只是公众单方面获得政治家的信息。为了竞选成功，竞选团队要认真研究民意，要迎合老百姓的许多想法，所以，竞选过程也是政治家了解民间意愿的过程。竞选班底帮政治家了解民意，又不花纳税人的钱，也不是一件坏事。反观其他政治模式，政治家如果想为老百姓办事，也要花钱做调查研究，算下来可能也费不少钱。

竞选过程也还具有稳定社会的功效。通过竞选，哪位政治家能获得多数人支持，哪位政治家是孤家寡人，最后由选票说了算。如果没有这样一种公开的结果，少数派也许不知道自己是少数派，他们可能铤而走险，用极端的手段问鼎国家权力，那最后可能用全社会暴力争斗来决定多数和少数，用流血的代价换来全社会的秩序稳定。比较起来，用选票定乾坤，少数派政治家服从多数选民的意志，让他们用失败的教训来调整自己的政治策略，要文明得多。

对金钱推动竞选政治的运行历来有多种批评，其中有的批评经不住推敲。的确，当选的政治家并不见得比普通百姓高明多少，在基层社会隐藏着太多的有识之士，他们仅仅因为没有钱财，也就失去了获得公共职位的可能。但深入想想，要看到现代民主政治是高度专业化的政治，竞选烧钱其实是这种政治正常运行的必要投入。如果竞选资金来路明确，支出又有章法，不是为政治家的腐败铺路垫底，花钱多少也不算问题。如果某位民间人士想要进入政治领域，就应该通过积极的活动证明自己，走专业化的政治道路，而不是抱怨自己没钱。对真正有条件的人物，在一定时候会有金钱找你搞政治，而不是你发愁去搞金钱。自然，这是一种理想的状态，尽管这种状态不能一蹴而就，但也不是不能实现。

综观世界各大国民主政治的发展，能看到大国之间的相互影响，但一个国家向另一个国家学习的确不是容易的事情。有时候某个国家搞选举会选出祸国殃民的坏蛋来，例如希特勒就是通过选举上台的。深入分析可以发现，创造民主发展的现实基础比学习观念更重要，而基础建设的确需要社会结构的深刻变迁。

绝望时，手伸向社会主义

写下这略有温情的题目，心下却是极度悲伤。

一名年轻母亲，本是青春年华，但因为她的两个双胞胎儿子脑瘫，磨难13年后毅然走上了不归路。她先溺毙了儿子，然后自杀。可以想象，她陷入了巨大的绝望深渊。她曾是白领，在这样一个关头仍坚守着自尊，也尊重逝去的孩子；她为他们整理了衣衫。她经抢救活了过来，但我笃定，她的心将永远伴随她的一双儿子。这是发生在我们身边的一个令人心碎的故事。一位网友说，仅看了新闻标题，就没有力量再往下看。旁人如此，可怜那名母亲是什么情形？她的13年是怎么过的？

有统计说，中国人口中有5%左右的残疾人，其中重度残疾的人也应在1000万之上。这些人的亲人们，不也像那名母亲一样么？

人之苦难与人之幸运一样，均有不可测性。我们只能在一定的范围里掌控自己的命运。人类一路走来，其实远远说不上善有善报、恶有恶报。生命是自然界开出的花朵，但并非每朵花都一样绚丽芬芳。命运多舛，其中有的苦难一开始就与当事者的主观努力无关。

命运之神的恶意往往随意施予众生，可那些不受神眷顾的人只能延颈待屠么？在命运面前，人类的确曾经普遍如此。但后来的情形发生了变化。一个族群会帮助那些遭遇飞来横祸的成员，这便是文明。再后来，族群的联合体，国家，承担了扶困济危的职能，我把这叫做社会主义。在我们的国民中，有人遭难而无关本人责任，抑或自己有责任却无力自救，若有伸手援助者，便彰显了人类互助合作精神。在众多的“主义”中，因人们使用“社会主义”这个词语的初衷最符合人类的互助合作精神，我们有理由把它供奉起来。没有其他词语能更好地用来表达我们的追求。

近代以来，世界思想精英首先是在终极目的的意义上使用“社会主义”这个词语的。但令人遗憾的是，不同的思想精英对达到终极目的的手段却有不同的理解。至今，我们在这一点上仍然不能达成共识。然而，如果我们没有把某种思想用来包装特殊集团的利益，并多少心存善意，我们就可以在相当程度上把关于手段的争议暂时搁置一边，去做一些明显应该做的事情。

我曾在丹麦王国做短期访学，了解到他们的一项公共政策，深令我感慨。他们国家统一照管那些难以过家庭生活的精神病患者，平均为每一名患者支付的公共经费折合人民币约100万。即使丹麦王国的人工成本高昂，这个支出也是十分巨大的。我相信，如果用铁丝网加电棍的办法管理患者，费用不会有这么高。想必他们是用比较人性化的办法照顾病患者。对于这种做法，我们常说这是高福利国家的政策。其实，这是欧洲社会民主党的做法，而我们知道，欧洲社会民主党其实是早期马克思肯定过的社会主义政党。后来社会民主党和以斯大林为代表的共产党发生龃龉，真是一言难尽，这里不去说它。

我们不要以为丹麦这样的国家富得不得了，有能力承担我们“不可想象”的社会责任。政府只是依靠公共政策在公共领域创造一种适度平等而已。听丹麦的朋友讲，那里一个大学教授的收入经过税收调节后，和社会平均收入水平差不了多少。对深陷困局者的帮助，最终依靠的还是社会上比较富有的阶层，政府不过是中间人而已。

对于欧洲发达国家的高福利政策，我们也许认为它走过了头，但我们似乎没有资格批评别人，因为我们大体在另一极端。毋庸置疑，中国改革开放30多年，社会极端困苦者的境遇也有所改善。特别是经过市场化改革，因体制性原因造成的困苦，已经有根本性的改观。但是，因个人不可控因素而陷于病患之灾的极端困苦者，家庭依然是他们的主要照顾者。对于绝大部分家庭，一旦摊上这种不期而至的灾难，几乎所有家庭成员将无幸福可言。这是不公正的。

一个有活力的社会，的确不应该制造平均主义。任何一个人，在其可控的范围里，社会制度应激励其努力工作。如果一个人遇到外部强加的灾难而无力应对，就意味着发生了公共问题，作为核心公共部门的政府应施以援手。这便是效率与平等相统一的社会主义原则。这里没有冷漠，也没有浪漫。

我们对社会主义理解偏了。曾经荒诞张狂，现在仍然扑朔迷离。公共部门越过了合理边界，在个人可控的领域牺牲了自由，丢掉了效率。在真正的公共领域又没有资源扶危济困，以致形成习惯性冷漠，让丧失自救能力的人们听天由命。

我们还对社会主义有工具幻觉。现在，我们大体放弃了“计划经济”迷信，但对“所有制”迷信还礼奉如仪。其实，任何财物都具有公共属性，只是程度不同而已。现代国家对公共领域的强有力掌控，决定了国家有可能防范任何财物被用于侵害公共利益的用途，所以，不可能有绝对的私人产权。大部分情况下，所谓私有制不过是私人事务方面留有个人选择权而已。只有保护这种选择权，我们的社会才有创新活力，国家才有资源在公共领域维护权利平等。这便是我心中的社会主义。这个社会主义没有任何浪漫成分。

可怜那名年轻母亲，13年里曾经有过希望，但最终却是绝望。我们要深化改革，让那些有同样遭遇的母亲有完全不同的命运。我们不可能短期内达到欧洲福利国家的水平，但我们先要有正确的理念，让社会主义真正成为温暖人心的阳光。

深化政治改革从细节做起

据媒体披露，近日中共深圳市委市政府召开四届十次全体会议，讨论并通过《深圳市委市政府关于坚持改革开放推动科学发展努力建设中国特色社会主义示范市的若干意见》（以下称“意见”）。“意见”提出要把深圳建设成中国特色社会主义示范市。笔者认为，这是一个令人鼓舞的改革目标，它体现了深圳共产党人解放思想、锐意创新的胆识和气魄。

“意见”提出了多项改革举措，其中最大的亮点是要探索试行区级人大代表直接竞选制度。从我国政治体制改革的未来大趋势看，一个大城市的区级人大代表由间接选举改变为直接竞选似乎算不上多么大的改革，但如果仔细分析这项改革的深刻内涵以及它可能引起的连锁反应，就会认识到这项改革的重大意义。

民主政治的重要特点之一是公共权威产生中的某种竞争性。任何社会都需要权威，而区分权威机构性质的标志之一是权威产生的方式。在市场经济条件下，有关政治活动者的信息有很大的隐蔽性，而人们在遴选政治活动者时又要求尽可能获得充分信息。解决这个矛盾的办法是政治活动者自己披露民众所关心的信息，同时，政治活动者之间通过相互批评向民众传达那些容易被隐蔽的信息。如果没有竞争，政治活动者往往倾向于把一个经过严密包装的自己展示给公众，这就难免出现公众对政治活动者认识的系统性偏差，这时候即使有选举，民主的意义也大打折扣了。另一方面，竞选也是政治活动者对公众的一个承诺过程，这种承诺多少会形成他们未来政治行为的约束。所以，政治活动者之间的竞选是民主政治的必要形式。通过竞选，民意的表达以及民意向政治决策的转化都有了更好的正式渠道，特别是持有不同意见的民众会通过选举活动显示出“多数派”和“少数派”这样重要的政治信息，使少数服从多数的原则得以有效落实，将大大有利于社会稳定。所以，深圳的改革意见虽然仅仅要求在区一级人大代表选举的时候实行竞选，但却已经触及了民主政治的核心内容。

实行区人民代表的直接竞选，将对政治运作链条的其他环节产生多重影响，其中最重要的是影响到党的领导的实现形式。在我国，各级人民代表大会都是相应地域的最高权力机构，党的领导应该体现为这些权力机构的主导性力量。如何在竞选中保证党员代表的优势，显然对党的政治活动提出了新的课题。党组织要不要动用自己的组织资源来参与竞选？竞选的经费由何而来？党员代表在竞选中如何处理与其他代表的关系？这都是未来需要回答的实际问题。

深圳的“意见”也将对人民代表的构成产生极大影响。竞选要花时间，当选之后还要不断沟通民意、研究议案，也需要花时间，这就要求人民代表有某种专业性。在区一级人民代表大会可能还不会有太多的公共事务，有一部分代表也许可以有兼职的身份，但出现一些专职代表也是有可能的。专职代表将逐步发展为职业政治活动者，他们以政治为终身职业，并乐意谋取更高的政治职位。

人民代表大会产生以后，代表们为了发挥政治作用，必然要通过民主决策的办法来落实部分民意；为了使自己的提案变为大会决议，代表们也必然要寻求一定代表范围里的政治一致性，从而产生集团活动。在这样的情形下，共产党代表为了提高政治活动的质量，更好地为人民服务，也需要增强自己的凝聚力，处理好与自己观点不一致的其他代表的关系。在处理这种关系当中，不仅涉及观念问题，也涉及政治活动的程序问题。寻找解决这些问题的办法，对于改善党的领导也具有迫切意义。

深圳的改革看起来不是从宏大场面开始，而是从细节入手，但因其在细节上下工夫，对中国改革才更具有重要价值。中国的政治改革也应该是渐进的过程；在渐进的过程中寻找某种“配套”的办法，以保证改革的稳定性。综观一些第三世界国家，它们似乎有一部民主政治的宪法，但常常因为保障民主政治运行的细节的缺失，使民主政治宪法成为一纸空文。当然，这种细节的缺失不能简单归结为“观念”的落后，支撑民主政治实际运行的社会结构方面的制约力量有更重要的意义。在这一点上，我们对深圳应该抱有信心。深圳的经济发展水平已经和发达国家比较接近，社会中产阶级的发育状况也在全国处于领先水平。我们有理由相信，深圳的渐进式政治改革一定能健康地走下去。

民强，必无国弱

自我感觉弱势，是个真问题

几十年的改革开放，让中国渐显强大，也让中国人渐显富裕。若依大家比较能接受的购买力平价做汇率计算的基础，中国的人均收入已经达到中等发达国家的水平，而中国人的营养水平也接近发达国家的水平。又有研究机构披露说，中国的富豪人数仅次于美国。中国人自有住房的比率在世界上也属高位，虽然这种房子大多不是独栋房。近几年中国汽车市场销售额极速蹿升，标志中国在加速进入高档耐用消费品普及时代。

但富裕起来的中国人是不是抛弃了小国寡民的心态，其心理世界也变得强大起来了？最近“人民论坛”的一项调查表明，答案是否定的！若干阶层或职业群体的多数成员认为自己是弱势阶层，甚至连公务员群体也多认为自己属于弱势阶层。

这里发生了什么问题？在一些发达国家，国民往往寅吃卯粮，没有什么储蓄。伦敦老太太听说超市要卖打折商品，也要起早排队捡便宜；国家赋税很重，大学教授纳税以后不见得比出租车司机多拿多少钱；职业岗位也不那么稳定，美国人一生平均搬家居然达8次！那么，这些国民总该不会有强大的心理世界吧？不，曾有资料表明，美国大约70%以上的国民认为自己属于中产阶级。

是不是“人民论坛”的调查发生了系统性错误？仔细想想，也不是。回答一项调查问题，如果没有外在压力，也没有利益损失之虞，就不会有显著的系统性偏差。一些保守的回答会抵消另一些人的夸张回答。

自我阶层归属判断与公共生活有关

弱势或者强势这类概念，本来也不是很严格的学术概念，没有一个被学术界一致认可的内涵，至于普通民众，更不会深究它们的意义。但是，当被问到他们当属强势或者弱势哪一集团的时候，稍有语文能力的民众，都能大体判断问题的意思。同时，他们当然也不会、不可能去研究各种资料后再作回答。他们的依据是自己的心理感受。

强与弱是比较的概念，一个人总是在和他人关系的比较中才能产生自己属于强者还是弱者的判断，也就是说，他要在私人生活领域之外的公共领域进行比较，才可做出判断。人要孤立地生活，不可能和别人比较强弱。一旦和别人相处，比较就会产生。但人际关系并非在强弱之间非此即彼，他们完全可以有平等感受、自主感受。公共领域当然需要秩序，需要服从，但这个领域并非只有服从和被服从的关系。如果人们可以对公共事务进行协商，使得个人意见对公共决策产生影响，人们在公共领域就会有彼此平等的感受。这种感受，也是一种自主的感受，自主的感受就是强者的感受；相反，若公共事务决策主要不是靠协商，而是靠命令，且人们对命令者的决断难以产生影响，人们就会有普遍的挫折感，就会觉得自己属于弱者。概括地说，公共事务的决策模式，或者公共权力的结构类型，对人们关于自我强弱的评价会有系统性的影响，这种影响要大于他们的财富多少所产生的影响。

公共权力结构的类型，自然是一个谱系，并无绝对的集中型或分散型。为便于分析，还是大略可以把公共权力的类型分为金字塔集中型和扁平自主型两种。

在金字塔型的公共权力结构中，公共事务多由长官命令决定，公众很难参与决策，只有服从的份儿。对这种权力结构，我们也不可绝对地说它不好，否则无法解释工业革命前几千年的人类历史。这种权力结构的一大好处是决策成本低，但坏处却是决策效益极不确定；权力越集中，越多的人会产生被剥夺感。经济学家把这叫做决策的“外部性”。容易理解，在这种权力结构之下，很多人会认为自己是弱者。史料记载，秦始皇统治时期，政府连农民养牛也要管束，谁把牛养瘦了要给予处罚，因为牛可能被用于战争。试想，那时的自耕农会认为自己是强者吗？自然不可能。

在一个扁平化的权力分散的社会结构中，公共事务决策不会是少数长官的意志，凡事大家多商议，每一个人对公共决策都可能发生影响。在人口数量多、权力网络大的领域，也许会通过代表议事制度来体现公众对公共事务决策的影响。这种情形下常常需要用少数服从多数原则来做出决策，因此也存在所谓“外部性”问题，但因为公共决策过程比较透明，不确定性比较少，人们的被剥夺感比起权力集中的情形要弱得多。这种权力结构也不能说就完美无缺，否则也不能解释人类历史尝试这种制度才不过区区几百年而已。例如，这种制度的决策成本通常比较高，尽管它“外部性”比较小。但是，不管这种制度有什么毛病，人们之间的平等感较强，个人的自主意识较强，比起金字塔型的权力结构，人们更容易感到自己是一个强者。

深化权力结构改革，实现民强国强

中国社会处在一个权力结构变迁的历史时期，这一时期改革的任务之一就是降低权力的集中度，将国家权力更多地下放给地方政府和民间社会。应该说，我们在这方面已经做了很多工作。民间社会的权利因为市场经济原则对命令（计划）经济原则的部分替代而大大扩张了；地方政府也因市场经济发展的压力而从中央政府分得了越来越多的自主权。我国民众的自主意识随着自主空间的扩大，也在逐步提升。总体看，我国社会的公共权力结构有了一定的扁平性。若不承认这个变化，30余年的改革开放岂不是毫无意义？我相信，假设30余年前中国公众和现在有着同样的判断力，要他们在那时回答自己属于什么阶层，一定会有更多的人认为自己属于弱势阶层。同样地，我认为，沿改革开放的路线继续走下去，会有越来越多的人认为自己不是弱势阶层，而是中产阶层。

指出以上成绩，并不是说笔者陶陶然痴醉于现实。相反，我把“人民论坛”的调查数据看作一种警示。我们无法判定不同职业群体的人们多大比例认定自己属于弱势阶层才是合理，但调查显示的高比例总归不是没有任何现实根据的。在我们的公共生活领域，的确有太多的无奈。拣点小事说说。一位熟人，孩子有北京市户口，仅仅因为从外地转学过来，就找不到可接收孩子的学校，四处碰壁，无计可施；我自己居住的小区，大家不满物业服务，但见小广告包围了家门口，没有任何办法；一个清华理学博士，自己家乡的祖宅被强拆了，他给在那里做市长的工学博士写了公开信，此举让人想到那些没有生出清华理学博士儿女的农户，他们怎么办？这些小事的背后都有“大道理”。可否规定我们的国立学校不能对覆盖区学生入学说不？物业公司具有自然垄断性质，为什么不能把物业公司拆小，让部分专业服务实现竞争，有利于业主自治？解决强拆问题竟然有令不行，合法公权在该强大的时候显得软弱无力，国民对政府的授权为何被如此扭曲变形？如果总有这些问题困扰着我们，尽管我们食有粮、卧有床，可我们能说自己不是弱者么？

我们还需要深化权力结构改革。通过改革，要让我们的公权部门自觉地做好所有公共服务，不要让什么事情都闹得满城风雨才去“集中治理”。但愿再过一个“五年规划期”，“人民论坛”做同样的调查会有令人高兴的结果。当我们的多数国民不再认为自己归属于弱势阶层的时候，我们的国家才真正变为强大的国家。

中产阶层的表象与内涵

近几年，总有一些身着华贵衣衫的人士因其匪夷所思的行为，成为舆论的焦点，人们由此怀疑中国中产阶层的身世，甚至怀疑中国能不能“真正”出现中产阶层。2008年就有两件事情十分令人关注。最高法院的一名副院长、一名饱学儒官，都不能守节，沉入腐败的漩涡。还有一名作家，连文学艺术的底线也把握不了，硬塞给地震灾难中的亡灵以非人类情感。由这类事情的现实存在去怀疑中国中产阶层的状态，实际上反映了人们对美好社会的期待。

中产阶层要由一种生活方式、一种价值观来定义。理性、宽容、勇敢、节制，是人类最尊崇的生活态度或美德，我也希望它们是中产阶层的精神规范。这是高标准的规范，不是做人的底线。一个人，一个阶层，可以很浪漫，还可以睚眦必报，甚至可以临危露怯，但中产阶层不可以这样。

中产阶层的品行不是天生的，它至少需要两个条件才能成为一种社会存在，而不仅仅是学者的纸上风云。

中产阶层作为一个整体，必然伴随生活的逐步富裕而壮大，而生活富裕是他们自己的劳动果实。这是第一个条件。说精神需要物质滋养，可能失于肤浅。更符合逻辑的是，贫穷作为社会的常态，它必然产生奴役，而奴役之下必无完整的中产阶层精神世界。但物质丰盛并非一定会滋养出中产阶层的精神世界。如果一个人、一个阶层借特权而脑满肠肥，必然产生罪恶感，哪怕这种罪恶感并不是他们的自觉意识。有罪恶感的人绝无谦和中庸的中产阶层风范。

中产阶层的精神世界是一种公共产品，而公共产品的健康必然依赖公共部门的公正性。这是中产阶层精神世界得以存在的第二个条件。用中共十七大报告中的话来说，就是一个社会要“树立社会主义民主法制、自由平等、公平正义理念”。这种理念首先应该是执政的圭臬。公共部门的公正性又依赖自由和民主制度。自由使公共权威压缩自己的权力空间，民主使公共权威坚守政治市场的竞争原则。不能想象一个社会存在绝对权力的公共权威而能使理性、宽容、勇敢和节制诸美德成为主流风尚。如果这些美德总会使其人格载体贫困潦倒，我们就难以想象美德的示范作用能够滋润社会。

所以，我不愿意简单地议论当代中国人道德水准的高下，当然也不愿意为解答想象中的所谓中国中产阶层是否符合标准的问题而苦恼。如果说富裕是中产阶层的表象，而精神世界是中产阶层的内涵，它们要能够齐头并进地发展就可能是一种奢望。物质财富的增加是快变量，精神世界的改变是慢变量。

塑造中产阶层的社会条件在中国正逐步显现，所以，中产阶层作为精神世界与物质条件的共同产物，也终究会破壳羽化而出。在中国历史上这个盛大节日还没有到来之时，我们也不必过于着急。如果我们想缩短这个过程，那也应该给中产阶层以孵化的温度，而不要改变它的基因。

印度的乡村自治及其与中国的比较

2006年2月，我随中国改革发展研究院（海口）的团队到印度访问10天，走访了印度的一些官方部门、研究机构以及村庄，阅读了一些第一手材料，对印度乡村自治的情况有了一些了解。印度的乡村自治工作做得比较早，但进展并不是很顺利，其中的经验值得我们思考。本文拟对印度这方面的情况做一个介绍，在有些方面还要与我国的情况做一个比较。

一、印度乡村自治的社会经济背景

（一）经济发展状况

印度是一个经济欠发达的国家，农村人口仍然占多数。20世纪摆脱英国殖民统治以后，经济发展获得了一定成绩，特别是粮食实现了自给自足，还有一定的出口。但总的来说，印度的经济发展并不快，与东亚经济发展相比，还十分落后。

印度的官方语言有22种之多，虽然英语不得不成为一种最为流行的语言，但因为基层社会文盲较多，对穷人景况的改善很不利，他们离开家乡到城市工作很困难。

从下表可以看出，印度的农业增长在20世纪90年代呈下滑趋势，粮食生产的增速已经赶不上人口增长的速度。

表1　20世纪90年代印度农业增长状况（%）

时间段	食用粮食	非食用粮食	农作物	人口
1980—1990	2.85	3.77	3.19	2.1
1990—2001	1.66	1.86	1.73	1.9

资料来源：《经济观察》，2001—2002，p.189; Siba Sankar Mohanty（Centre for Budget and Governance Accountability）提供的讲演稿。

印度在20世纪60年代就开始部署土地改革，但这项工作也不尽如人意。目前仍然有1300万农民没有土地，这些农民主要为地主工作。大约有400万乡村农民进入城市工作，且没有任何保障。在城市，穷人也没有获得有效帮助。政府为他们盖了一些房子，但因为房子比较偏远，那里没有生存资源，他们到市区谋生需要交通费，另外还要支付房费、水电费等等，使得他们宁愿住在市区的马路边，由此形成了亚洲少见的贫民窟。

政府对土地拥有最高限额，每个农户不能超过10公顷，各邦根据自己的实际情况对限额有所调整。印度学者说，灌溉地每户不能超过7公顷，非灌溉地不能超过15公顷。产茶叶的地没有限制。对于没有土地的农民，政府给他们划了盖房子的土地。但这一项改革只在3个邦做得比较好。其他一些邦也在做，但做得比较慢。在东部一些省，低种姓人没有土地，其他地方低种姓的农民有贫瘠的小块土地。

表2　低种姓农民的状况

Indicator	Year	All India Total Population	SC	ST
Population (in crore)	2001	102.7	16.6	8.8
Population Below Poverty Line (Urban) (in %)	1999—2000	23.62	38.47	34.75
Literacy Rate (in %)	2001	64.84	54.69	47.1
Rate of Female Literacy (in %)	2001	54	41.9	34.7

资料来源：Debdulal Thakur，Centre for Budget & Governance Accountability（CBGA），Caste and Economy: Budgetary Allocations and Governance in India，2006年2月给中国学者提供的资料。

种姓制度是印度的一项沉重的历史遗产①。1951年，印度有5000万低种姓和低等部族人口，现在有2.5亿以上。从上表可以看出，低种姓的人口（SC）与少数民族（ST）超过了总人口的25%（新的数字Tribals 7.5%，Scheduled Castes 15%），而在印度2.6亿贫困人口中，SC和ST人口占的比重更大。这两部分人中文盲的数量都在50%上下，其中妇女中的文盲差不多都超过了60%。

表3　中央政府以下各联盟体和邦的社会与社区服务支出（Social and Community Services）占印度GDP的比重

年份	地方联盟支出占印度GDP的比重	各邦支出占印度GDP的比重	各邦和地方联盟支出占印度GDP的比重
1996—1997	1.04	4.17	5.0
1999—2000	1.18	4.69	5.6
2002—2003	1.12	4.59	5.6
2004—2005	1.2	4.27	5.3

① 印度的种姓主要分为4个类别，分别是：Branhmins、Kshatriyas、Vaishyas 和Shutro，后两个被看作低种姓人群，此外还有一些少数部族和地位更低的“贱人”。

资料来源：同表2。

印度的28个邦和7个联盟体对低种姓和低部族人口的援助情况见表3。从表中可以看出，这种支出的力度近年来没有增加。从表4可以看出，印度百姓的营养状况在20世纪80年代以后出现了恶化的趋势，农村居民的情况更糟。

表4　印度每天（diet）卡路里摄入量变化

Year	rural	index	Urban	index
1983	2309	100	2010	100
1978—1988	2285	99	2084	103.7
1993—1994	2157	93.4	1998	99.4
1998	2011	87.1	1980	98.5

资料来源：同表1。

据Indian Council for Research on International Economic Relations 的负责人Rajiv Kumar 讲，新一届政府加大了投资，加强了市场化的步伐，又有许多私人企业到农村发展食品加工业，农村就业和农业有了改善。

（二）经济体制

按我的理解，一个市场经济体应该有这样几个特点：第一，产品市场是开放的，除去自然垄断行业之外，其他行业应该有相当程度的竞争，国家对产品流通的控制应该比较弱。第二，要素市场是竞争性的，国家对要素流动的控制应该比较少，这就要求在竞争性领域保持相当比重的私有制经济，并且劳动者的权利应该是平等的，否则劳动力市场就谈不上自由竞争。第三，政府服务应该是规范的、透明的，政府政策的制定应该以民主制度为基础，这样会降低企业经营的风险。第四，市场应该是开放的，在国际产品市场上应实行自由贸易原则，在资本市场上也应该有一个相当的开放度，且汇率政策应该以货币自由兑换为基础。如果按这些标准来要求，我认为印度的市场经济该打一个大的折扣。

目前掌握的资料还不能让我们看到印度对产品市场的政策全貌，但从已经掌握的一些小的方面看，印度政府对产品市场还是有相当高的管制程度的。在印度农业部，有一个专门的委员会，监控着20余种农产品的价格。这种监控的有效程度如何我们还不能确定，但监控本身常常会扭曲市场价格，产生人为的低效率。在一个看似专门给外国人卖东西的商店，店里的商人告诉我们，这里的货物是不能讲价的，因为政府对商品的价格有规定。在一番讨价还价之后，最后大家买到的几样东西，是按照一个固定的比例打折扣的。

从对农村社会经济管理的情况看，印度政府也是蛮有特点的。印度有三个部涉及农村和农业，一个叫做农业部，一个则是农村发展部，还有一个可以叫做农村政权建设部。三个部长都是内阁成员。我们想知道为什么不能合并为一个部，有学者告诉我们这种情况和党派利益有关。我们很想了解农村政权建设部的工作情况以及他们的政策落实情况，得到的信息是，真正落实好的是几个由共产党领导的邦，其他邦就不怎么样了。三个平行的官僚机构负责农村工作，在我们看来也未免有点繁文缛节了。过去曾有报道说，在印度要注册一个企业，是非常麻烦的事情，因为官僚机构的手续难办，看起来这个报道不假。

印度的对外开放程度低，已经人所共知。这样的好处是可以保护民族工业，但如果过分了反倒会阻碍民族工业的发展。在印度街道上跑的主要是印度品牌的汽车，进口汽车主要是韩国的和日本的品牌，数量不多。但保护下的汽车工业会不会走上台湾汽车工业的道路？这还真是很难说的事情。这两年新的印度政府在对外开放方面的步子迈得大了一些，外资进入的数量增加了。德国人告诉我们，2006年初印度人把新德里的国际机场卖给了德国企业，这样的举措让德国人也感到惊讶。在我们看来这真是一个好的迹象，因为那个机场实在是太寒酸了。如果要真正搞市场经济，印度的开放程度还应该大大提高。

从劳动力流动性看，也很难说印度是一个成熟的市场经济体。据了解，印度1300万农民没有土地，还有更多的人只有小块土地。按说在这样的情况下，应该有很多的农民进城务工，但实际上乡村农民进入城市的只有400万，他们在城市做工但没有任何保障。从农民的比例来说，这个流动性远远不能和中国相比。劳动力不能流动，这说明最基本的要素市场不完善，缺乏竞争性。另外，印度低种姓的人就业非常困难。因为政府法律的干预，低种姓职员在大学里有10%，在政府里有22%，但在私营企业里则没有他们的踪影，因为私营企业会因一些借口拒绝雇佣低种姓的工人。可见，印度的社会隔阂仍是根深蒂固的。

二、印度的乡村自治

（一）基层自治制度

印度的政权层次分为中央政府、邦级政府（包括人口少的7个联盟体）、地区政府（Districts）、小区政府（Blocks，一个地区政府下面有10个左右小区政府）和村级政府（每个小区里有20个左右的村）。通常讲到的乡村自治包括了后三个层次。

印度独立前已经有地方政府，最基层的政权设为镇（Town），官员实行任命制。20世纪50年代后期，三级基层政权开始形成。1978年后，地方政府的架构成为政治制度的一部分。

1992年，印度完成了第73和第74次宪法修正案，对自治政府的建立做了法律规定。其主要内容是：

1. 确定Panchayats（乡村自治政府的印度语名称）和Municipalities（城市基层政府）是自治政府机构。

2. 确定乡村民主制度的基本单位是村（Gram Sabhas），所有成人应被登记为选民。

3. 乡村自治政府为三级（Village，Intermediate Block and District Levels），人口小于200万的小邦分为两级。

4. 每一层次的议员席位都由直接选举产生。

5. 每一层次都会按照人口比例给低种姓的人群留下议员席位。

6. 在席位中妇女必须占1/3。

7. 议会每届5年，每届议会选举必须在上届议会任期届满前完成。

8. 由独立的选举委员会负责选举工作。

9. 各级乡村政府根据宪法提出的29方面的要求准备经济发展和维护社会公正的计划。

10. 各基层政权还可以确立的自己的税费征收项目，但应受中央和邦级政府的节制。

11. 在每个邦，由其财政委员会根据自己的财力确定支持城乡基层政权正常运转的原则。

宪法修正案提出的29项关于乡村发展的内容主要包括：妇女和儿童的发展；中小学教育；成人教育和非正规教育；健康、卫生以及医疗机构的建立；家庭福利计划；包括残疾人护理在内的社会福利计划；饮用水安全；民主基础的扩大；等等。

印度政府在联邦一级分为下议院（Lok Sabha）和上议院（Rajya Sabha），议员共793名，分别有543和250名议员。在邦和地方联盟一级设有28个邦议会（State Assemblies）和2个联盟组合议会（Union Territories），共4508名议员。

在地区以下（District and Below），有3201227名议员。地区一级的535个

单位有15815名议员，其中200个地区有女性政府首脑（Women Presidents），5912个小区政府有145412名议员，其中1970个有女性政府首脑。231630个村一级政府有 2971446名议员，其中77210 个有女性领导人。在地区以下的议员中有大约800000名低种姓（SC/ST）议员。

印度学者认为，实行基层自治政府制度以来，印度取得了一些成绩，其中包括扩大了低种姓人口的政治参与程度，妇女通过选举活动介入了公共事务并显示了活力，显示了基层民主对于邦一级和国家一级的民主的重要意义，权力扩散和人民参与发展的概念开始深入人心，基层政府成为未来领导人的摇篮，妇女在地方政府中的作用有了生动证明，志愿者事业开始获得发展，人们开始关注腐败问题，民间兴起监督政府的运动与组织，政府行为有所改善，等等。

（二）妇女权益问题

印度的妇女问题和印度的历史和宗教有关。最为世人所诟病的是，印度妇女在出嫁时她的家庭需要支付很高的嫁妆费用，如果费用不足，新娘就有生命危险。应该说印度独立以后为改善妇女状况作了很大努力，法律已经赋予妇女与男人一样的平等权利，并在一些具体的法律中有了对妇女权利进行保护的规定，但总体看来，现实中的妇女状况还不是很好，在农村尤其不好。

在访问印度一个村庄的时候，我们注意到，女人沉默寡言，几乎不与我们搭讪。男人很多尾随着我们，看起来就是在满足欣赏亚洲“老外”的兴趣，多少显得游手好闲。在街上，几个男性老人抽着印度特有的大型烟具，悠然自得。但在街道的另一头，一位老妇和一位中年妇女正在制作牛粪饼（印度农村的燃料），两手拍好粪饼后整整齐齐地贴在墙上。走到田里，见几位妇女正在收拾甘蔗，尾随我们的男人告诉我们，她们是穷人，正在给地主收拾甘蔗。她们砍下甘蔗，剥好皮，整齐地码放在一边。她们的劳动报酬是甘蔗的叶子等废弃物，用这些东西她们可以换来一些食物或零钱。在一处水井旁，也是几个妇女在打水，打好水之后将水罐顶在头上带回家。

如果问印度农民，养女儿好，还是养儿子好，他们会回答当然是养儿子好。一个农民告诉我们，如果一个家庭养了两个女儿，那就意味着这个家庭不可能有好日子过。有的农民实在很穷，没有能力支付嫁妆费用，但又要嫁女儿，就用买拖拉机的名义向银行贷款，买到拖拉机后立即卖掉，便换来了女儿的嫁妆。我相信，印度政府有措施鼓励农户购买大型农机具，但社会习俗破坏了他们的政策的效力，这真是很遗憾的事情。嫁妆少了，男方家庭把新娘烧死的事情已经不是普遍现象了，但零星的案例还在发生。

其实，让妇女在屈辱中生存，还有可怕的冷暴力。妇女在辛勤地劳作，男人们却支配着她们。在村庄里，我们要和一家人照张相，女主人都要征询男人的同意。一个女人即使做了母亲，还可能受到男人的虐待。一个印度人告诉我们，儿子也可能虐待母亲，这个时候，母亲可能跑到已经嫁出去的女儿那里求救，只有在这个时候，她们才感到生女儿好！

法律规定在村一级的权力机构（相当于我们的村民委员会）中，妇女应该占1/3，低种姓的人应该占1/3，但在我们访问的一个村子中，这个比例并没有达到。问及一些印度的学者，他们说我们访问的那个地区，法律很难落实。可是，这个村子是距离新德里不到100公里的地方啊，这样的地方都不能落实法律，其他地方又怎么样！印度人还告诉我们，即使在村级权力机构中有女人的代表，男人们仍然可以独自作出决定，全然不把女人的意见当一回事，女人也是无可奈何。

（三）基层自治的难点

以为颁布一部民主宪法就建立了民主制度，这实在是浪漫主义的想法。如果民主的规则仅仅停留在纸面上，停留在宪法的条文上，而实际情况却相去甚远，这样的民主制度恐怕要大打折扣了。到印度考察，加强了我的这种认识。

印度的民主大概属于上流社会的民主。因为印度长期作为英国的殖民地，印度上层社会能很好地使用英语。真正能很好地使用英语并受到良好教育的是少数，他们能很快认同西方的价值观，并努力去实践这种价值观。但印度的社会基础结构却很难支撑上流社会所认同的制度。

其实，民主制度作为一种公共权威的认同和维护方式，是需要一定社会基础结构的，否则，历史上就不会出现部落社会的族长制、皇权制和时有发生的宗教独裁统治。当人们的交易活动在熟人社会之外频繁发生时，才可能产生对真正民主制度的需求。这是我的一种理论的认识，就不必多说了。

印度社会的弱势力量主要由乡村妇女、低种姓人群和少数民族部落组成。这些人群受到传统制度的压迫，没有享受到印度宪法上载明的民主制度的好处。1956年印度才开始在基层社会推广自治选举制度，此后也是一波三折，地方选举中渗透了种姓制度的元素。这种制度到现在也没有被完全消灭，在农村还有相当大的影响。在农村地区，不同的种姓之间是不会通婚的。基层政权在20世纪70年代之前很少能自由选举，又因为法律限制党派在基层的活动，民主选举就受到更大的制约。多数基层政权在受教育程度较高又拥有土地的高种姓人的把持之下。

到1978年，印度才在基层选举中引入政党间的竞争，到20世纪末期地方政党的活动才有了一点气候。这种情况也说明，印度的基层民主发展也是不成熟的，因为民主选举的规范总需要一定程度的竞争，而竞争难免导致政治派别的活动。按照一般规律来说，民主制度的发展似乎真是从上至下逐步推进的，民主权利也是逐步由男子扩张到女子，由富人扩张到穷人。这个过程的长短与一个国家的基础社会结构有关。印度的种姓制度和部族社会的特征，显然阻碍了这个过程的进展。

印度人举行的婚礼在某种程度上反映了其部族社会的特点。婚礼的繁文缛节难以一一细述，而最令人难忘的是参加婚礼活动的庞大人数。我们观摩了两场婚礼，发现每一场婚礼参加的人数都达上千人之多。我们问主人，这些来宾的身份是什么，他们回答说都是新郎和新娘双方的各类亲戚。这么多的亲戚来参加婚礼，先后热闹两天时间，可见家族纽带对于印度人是十分重要的。

印度学者认为，印度的民主发展的缺陷主要有：守法意识薄弱；公共意识和勤政意识薄弱；责任心缺乏；决策的基础还不够广泛；制度运行的规则与程序还不规范；村庄发展计划中精英阶层的影响过大；官员与低种姓人员共同工作的契合程度低；政党的政治意志缺失；等等。

对目前推行的基层民主构成的威胁的因素主要包括：现存部族与传统村庄社会结构对民主制度的抵触；种姓、阶级和性别间的不平等；中央和地方政府的政治集团在利益分配中的摩擦；乡村精英与权势阶层不甘与弱势阶层分享权力的倾向；等等。印度年轻学者把“政治家、官员、地主及其封建因素和承包商”看作民主的四大敌人。

三、中印农村基层自治制度的比较及其启示

比较中国和印度的农村基层民主政治发展，是一件困难的事情。一方面，我们对印度的情况了解得还很不够，另一方面，两国的历史文化和现实发展背景有极大差异，在一些方面没有可比性。下面的比较是在相当有限的信息下做出的。笔者在比较中参照了欧洲民主政治发展的特点。

（一）中印两国历史、社会和政治背景的差异

从历史条件看，中国在很长时间里是一个集权社会，政府对乡村社会有强大的控制能力，尽管中国有所谓“皇权不下县”之说。印度则在很长时间里是一个部族社会，中央权威没有很好发育。印度的22种官方语言的存在就说明它在结构上仍然未完全使部族社会结构解体。这种情形对民主政治发育的影响是复杂的。

垂直控制过于强大从本质上说是不利于民主政治发育的，甚至可以说是与民主政治的原则相冲突的。民主政治的规则，特别是代议制的规则，蕴涵着地方自治，因为政治家会在议会里为自己的社区争取利益，议会斗争会在自治与集中之间产生一种平衡，这种平衡可能是建立在最大限度地保持自治的基础上的。

但是，在集权控制的传统之下，一旦高层政府发动民主改革，可能会较快地推进改革的进程。印度发动民主改革已经有半个世纪之久，高层政府的决策过程缓慢，法律贯彻没有力度，与中央权威的衰弱有一定关系。

中产阶级的崛起可能是民主政治建立的重要条件，而部族社会的解体是中产阶级崛起的必要条件。欧洲社会在民主改革之前，也具有某种部族社会的特点，例如，德意志帝国曾经有过数十个小诸侯国。甚至连英国这样的国家也不统一，至今连语言的统一也没有完成。但是，欧洲中部和西部国家在中世纪后期和近代发生的一系列事变中创造出了一个中产阶级，这个阶级成功地按照自己的商业利益要求创造了民主制度。印度中产阶级没有创造出来，到现在也难说它有一个强大的中产阶级。中国的中产阶级目前正在形成，尽管有些知识界的人士必置之死地而后生。从这个意义上说，中国和印度具有相似性。中国比印度早走了一步，但最终谁走得顺利，我们还不敢妄下断语。

等级制度是影响民主政治发育的一个重要因素。任何一个国家都有等级制度，但像印度那样的等级制度，在世界上还是十分罕见的。中国元朝曾有过短暂的类似印度的等级制度，但因为这个制度与中央政府控制的政治机制过于不协调，很快就消失了。印度的地理环境并不复杂，按照一些学者的说法，印度也应该发育中央集权制政府，因为印度也有水患等问题，但印度却发育了一个相当凝固的种姓制度，这是一个谜，有待我们找到答案。中国古代的等级关系不稳定，就是在下层社会也有“王侯将相宁有种乎”的意识。等级关系弱可能有助于下层社会接受民主意识。

（二）中印两国民主政治发育水平的比较

因为没有深入了解印度乡村民主政治发育的水平，特别是没有设计一套指标来刻画中国和印度乡村民主政治的发育状况，所以这个比较很难有确切的意义。但从一般观察看，中国农民的民主政治意识要好于印度，中国农村妇女对公共事务的影响也要高于印度。

从法律的完备程度和民主政治运行的技术层面看，印度法律体系内涵的矛盾较少，基层在选举过程中不会受到上级政府的过多干预。按照印度官员的说法，印度已经是一个民主国家。不容否认，印度公民有相当多的自由权利，但从总体上看，印度的民主还是一个上流社会的精英民主，农村社会的民主还远不成熟。

（三）中印两国民主发展前景的比较——一个理论思考

在传统社会向民主社会的转变过程中，有可能发生社会动荡。如果说中印两国都没有完成这个转变，那么，谁能在这个转变中避免社会动荡，保持社会的相对稳定，谁就可能取得转变的成功。

无疑，印度的转变仍在进行中，其标志性的东西是市场因素正在瓦解乡村社会，种姓制度在逐步解体，印度的开放也在进行之中。印度这样一个贫富分化较为严重、社会分裂程度比较高、民主制度很不成熟的社会，却能保持相对稳定，这真是令人惊奇的事情。对这个问题的回答也算得上是一个思想实验。下面是我的推理：

任何一个人群，如果他们要有创新，必须有起码的超过生存所需要的资源。一旦他们的创新活动启动，就需要重新分配资源。如果社会有足够的安全机制，这个过程就不会导致社会颠覆，否则，社会就难以稳定了。印度农村的低种姓人群缺乏创新所需要的生存资源，“消沉、无奈和绝望”则是他们的表象。

没有创新资源的人群本来可以搭其他创新人群的“便车”，例如，那些有创新资源的人群在遇到重新分配资源的困难时，可以借助穷人的力量，给穷人提供组织资源，承诺“解放”穷人，从而把穷人动员起来。然而，印度的种姓制度阻碍了这两个人群达成这样一种社会契约。

上面的推理是静态的。印度政府正在向下层社会输入创新资源，而印度受到国内外市场关系的冲击会加速这个过程。印度的低种姓人群很有可能在沦为雇佣工人以后，再经过劳资关系的调整而进入主流社会。而如果劳资关系的调整能借助印度的宪法秩序得以顺利完成，印度的转变就可大功告成。

但是，这个转变能不能顺利完成，还是值得讨论的问题。

民主制度的显著标志是全社会的竞争性直接选举。然而，选举的结果是对社会资源的重新分配，如果一个社会对这种分配缺乏承受能力，这个社会就可能发生动荡。也许正是出于这种考虑，邓小平先生才谈到中国需要50年过渡到普选制度。具体说，承受能力问题可能在下述三个情况下发生：

第一，广大中产阶级会不会因为选举结果而明显丧失生存资源，这种损失可能是暂时的，也可能是长久的。如果中产阶级的地位遇到威胁，他们可能成为地位更低的人群的组织者。在处于转型时期的社会中，后者的人数可能比较多，一旦获得组织资源，可能成为反政府的有生力量。

第二，中产阶级中的获得既得利益的政治集团会不会因为选举的结果而丧失生存资源。如果有这种可能性，选举必会出现麻烦，并引起社会动荡。

第三，区域居民特别是民族地区的居民会不会因为选举的结果而选择独立，就是说，会不会产生政治家打“独立牌”的社会土壤。一旦有这种土壤，必有政治家会加以利用，并导致社会动荡。

如果要避免上述三种情形的负面结果出现，需要以下社会条件：

条件一：中产阶级获得充分发育，并在经济上拥有独立性，不依赖特殊的政治资源。

条件二：贫困人口的比重足够低，任何一届政府都能够保障其基本的生存资源。

条件三：发展适度的富人政治，使得政治家离开政治舞台也能保持一定水准的生存资源。

条件四：公务员国家化、职业化，不参与直接的党派活动，就是说，他们的生存资源（职位）应不以选举的不同结果而发生变化。

条件五：国家基础设施先进，市场高度一体化，区域封闭被打破，特别是民族地区的区域封闭被打破。

在上面五个条件中，条件一、二、五，中国比印度要好些。条件三和四，印度要比中国好一些。印度政治努力改善条件一、二、五，但这种改善不可能一蹴而就。中国要具备条件三和四，还需要在意识形态方面和体制方面做明显的调整，这也不是一件容易的事情。

从总体上说，印度和中国谁能更好地、更顺利地完成从传统社会向现代社会的转型，还有待进一步观察。

在中国这片热土上阳光初照

——纪念中国改革开放30周年

今天，一个典型的50岁的北京人或成都人，驾着的自己的私家车加满一箱燃油所花的钱，可能是他30多年前在一个小镇上全年的生活费。这里已经考虑了物价上升因素。现在市场上一只馒头的价格是30多年前的5倍。

2008年美国《新闻周刊》首期的封面文章是谈论中国崛起的文章，其标题是“一个威猛而又易垮的超级大国的崛起”。这篇文章引述劳伦斯·萨默尔的分析说，在200多年前的工业革命时期，一个欧洲人一生的生活水平上升了50%，而当今一个中国人一生的生活水平会上升10000%！

中国从哪里来？朝哪里去？对一个生长在中国大都市的20岁左右的年轻人来说，这可能不值得去深入思考。或许他们会认为当今中国的繁荣本应如此。不，中国本来不是这样的，中国的历史本来是另一种面貌。

我们从传统社会走来，正走向现代社会。我们处在由传统社会向现代社会的过渡之中。30年的改革过去了，现在我们可以说，改革取得了巨大成功，改革给中国带来了繁荣。在中国这片热土上阳光初照，灿烂前景不会太远。

经济学家说，传统社会是一个没有积累的社会。这个定义的丰富内涵依托着一个简单的事实：传统社会里人们的生活世世代代没有多少变化。现代社会发明了使财富翻倍增长的手段。所以，马克思说英国工业革命时期100年创造的财富比过去一切时代还要多。不夸张地说，中国改革30年创造的财富比中国以往所有时代创造的财富还要多，这是因为中国的一只脚已经踏入了现代社会。

历史学家说，人类从走出非洲开始了自己的历史，到现在已经有300万年。人类的少数一部分大约在300年前掀起现代社会的帷幕，那个事变被叫做“英国革命”。300年之于300万年，如同人的一生中的两天半时间，而就在这短暂的时间里人类欠身起立，摸索着告别黑暗，走向光明。中国政治家在30年前推开了中国对外开放的窗口，改革大幕由此拉开。邓小平说，改革也是革命，也许再过100年，我们才能真正理解这句话的意义。

揭开物质财富增长的历史表象，窥视其背后的秘密，我们方能认识传统社会与现代社会的区别，也能懂得我们改革的意义究竟有多大。传统社会的基本特征是军事集团对社会的控制。军事领袖们被叫做皇帝、国王、丞相或其他什么。现代社会打破了军事集团对社会的垄断控制，不仅经济活动有了竞争性，公共活动领域也有了竞争性，政治权力的合法性不再由枪杆子决定，而由社会民主程序决定。毋庸置疑，由传统社会转变到现代社会无坦途可言。枪杆子支持的合法性全然不同于民主政治决定的合法性，虽然枪杆子支持的合法性也会有自己的合理性。

改革的难处在于代表新生力量的政治家要卸下历史的包袱。正如马歇尔的名言所示，历史没有跳跃，中国和西欧因为不同的历史遗产决定了它们实现历史过渡的进程十分不同。

中国皇帝发明了颇受西方人推崇的文官制度，文官的产生甚至采用了考试录用的方式，但这也不过是最高军事领袖为钳制下级军官而设计的一种制衡制度而已。文官制度是一种分权制度，但这种分权是统治集团内部的分权。这种制度常常只在战争间隙发挥作用。一旦战争开始，一个农夫可能会成为战争机器的螺丝钉。

西欧乃至整个欧洲的政治分权既发生在军事集团内部，也发生在外部。宗教集团和自治城市是对世俗封建权力的重要外部约束。欧洲宗教改革产生的新宗教势力给封建军事集团的灭亡施加了第一把力，而最后终结封建政权的是商业集团。伦敦的商人在内战中起过巨大的作用，甚至在滑铁卢战役中也是军队的骨干。资产阶级革命其实是一场商业战争。

西欧人领历史变革之先告别传统社会，是对人类文明进步的一个贡献。在中世纪，欧洲人就开始尝试建立私有产权制度、专利保护制度、股份公司制度、复式簿记制度、独立商业城市的民主制度和政党竞争制度等。这些制度加上欧洲基督教与世俗权力的分庭抗礼，构成了欧洲社会的多元化特征。这些历史遗产为羽翼逐渐丰满的商业集团登上历史舞台提供了基础。

欧洲社会特别是西欧社会转变的逻辑是：先用上千年的时间发育一种社会分权机制，然后在精英阶层发动宪政革命，最后再在整个社会肌体上解决宪政问题，从而创造一个民主法治社会。

中国的改革难道要复制欧洲社会转变的历程么？不。诚然如马克思所说，中国古代实行的是普遍的奴隶制。中国古代的商人，要么是官商，要么是在夹缝里生存的私商，都无独立的财产权或财产权的保障。就像顾准先生一针见血地指出，在重农抑商历史传统下的中国商人，只会当西门庆，舐一些太监的唾余，绝不敢要求政权。中国的宗教也是军事共同体的附庸。即使如此，中国也不需要再用上千年的时间卸下历史包袱，去准备自己实现历史过渡的条件。

中国改革存在“后发优势”。中国社会的世俗化特征决定了中国的包容性，她的国门一旦打开，西方世界技术文明、经济文明就如洪流浸淫沙漠一般被中国所吸收。中国人在30年里做了西方人千余年做的事情。中国政治的包容与开明也远甚于300年前的西欧国家。

西方历史上的外部分权让它们的转型变革曾经充满了剧烈的动荡。它们的政治文明已经建立的事实，构成开放背景下中国政治的一个有限的外部分权因素——中国政治家仅仅把西方文明看作自己独立行动的参照系，他们在国家权力的支持下，能够按照自己对转型变革的理解去独立安排改革的进程。这是中国渐进改革内生的逻辑。

中国改革的首要成绩是执政党执政理念在文本意义上的全面转变。坚持以人为本，尊重人民主体地位，发挥人民首创精神，保障人民各项权益，促进人的全面发展，是中国共产党给自己历史使命的最新定位。在执政党转变自己理念的同时，要求社会大众树立公民意识，而公民意识的内涵被定义为社会主义民主法制、自由平等和公平正义的理念。执政党理念和公民意识的文本意义固然和改革的现实仍有不小距离，但我们不要忘记，西欧的转型变革也曾有过文本变化先于现实革新的历史阶段。

中国改革最让人感受深切的是经济的迅速发展。2007年，中国国内生产总值高达24.66万亿元，是1978年的67倍。人均GDP则由381元升为18665元，是1978年的49倍；中国国内生产总值占全球的比重由1978年的1%上升到2007年的5%以上，总量的位次由1978年的第11位上升到2006年的第4位。

中国改革最具有深远意义的是它导致中国社会结构发生系统性变化，其主要特征是社会生活的多元化。中国经济走向市场化，私营企业迅速发展，最容易保持独立意识的中产阶级在迅速崛起；中国民间组织的力量迅速成长壮大，各类非政府组织获得很大发展，民间志愿者活动成为社会生活的常态；地方政府不时冒出有创新意识的政治家，向社会显示他们的魄力和智慧；加入WTO，使中国有了一个权力大于联合国的“国际政府”，受到了国际规则的管辖。多元化发展不会让中国人的天塌下来。相反，只有社会的多元化发展才能创造出和谐社会的基础。民主制度的建立实质上是政治活动领域的高度组织化和多元化。

在这部书中，我们主要是展示中国改革所取得的巨大成就，但我们很清醒，中国改革的历程并不是完美无缺的，更多的现实难题还有待通过深化改革去解决。在已经走过的30年改革历程中，我们的经济改革获得突破性进展，生产力获得迅猛发展；社会改革步伐近些年有所加快，但社会生活领域中长期存在的基本公共服务质量不高、分配不公等问题还没有得到有效解决；政治改革的方向已经明确，但改革的具体路径还需探索，改革任务十分艰巨和紧迫。正是因为改革存在这种不平衡性，中共十七大明确提出了全面改革的要求，并特别提出政治体制改革是全面改革的重要组成部分。未来的改革无坦途可走，国际国内的许多不确定因素以及改革本身的策略性失误，都会包含风险。但是，倒退没有出路，停止风险更大。我们对改革的前景不改乐观的判断，只因为改革符合规律，顺应民意。

30年时间在人类历史上似乎是难以充分展开历史规律的一个瞬间，偶然事变要将我们拉回到几十年前的历史时段绝非没有可能。但我们竟然在一阵又一阵反对改革开放的喧嚣声中挺过来了；逆流而起的浪头没有把我们打晕，我们总是拨正船头迎向现代化目标。我们期盼，再过100年，我们的子孙后代会惊叹这一代政治家引领中国这条大船在历史的航道上驶过急流险滩而没有沉没，使中国成为呵护世界文明的重要主导力量。

（本文与吴祚来合写）